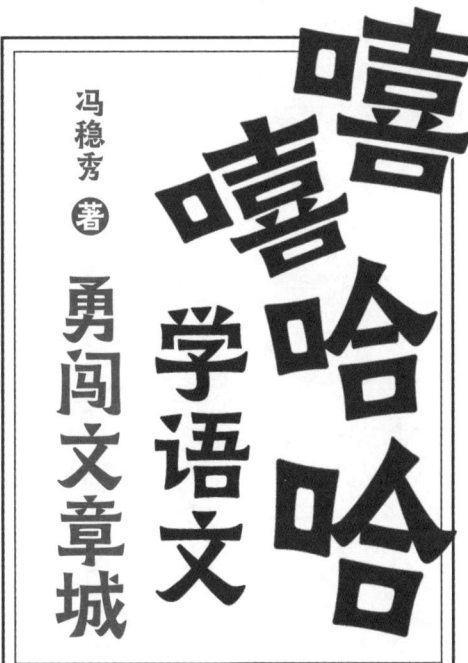

冯稳秀 著

嘻嘻哈哈学语文
勇闯文章城

趣学语文有方法

机械工业出版社
CHINA MACHINE PRESS

读得快、读得多，不代表读得透、读得好。是否读得透、读得好要看孩子从一篇文章中吸收了多少精华。本书提供了25个方法，以主人公乐嘻嘻和乐哈哈在文章城学习精读文章为线索，生动有趣地教会孩子如何提升对文章整体感知的能力、获取信息的能力、评价鉴赏的能力、深入解读的能力以及灵活运用的能力，让孩子轻松学会厘清文章层次结构、精准提取有效信息，能够真正读懂读透文章，从各个层面体会文章的精妙，实现读写一体，将学到的知识创造性地运用在实际生活中。

图书在版编目（CIP）数据

嘻嘻哈哈学语文. 勇闯文章城 / 冯稳秀著. -- 北京：机械工业出版社，2025.2. -- （趣学语文有方法）.
ISBN 978-7-111-77143-2

Ⅰ. G624.203

中国国家版本馆CIP数据核字第2024H08C55号

机械工业出版社（北京市百万庄大街22号　邮政编码100037）
策划编辑：刘春晨　刘文蕾　　　责任编辑：刘春晨　刘文蕾
责任校对：蔡健伟　李　婷　　　责任印制：单爱军
北京联兴盛业印刷股份有限公司印刷
2025年9月第1版第1次印刷
165mm×225mm・19.25印张・1插页・201千字
标准书号：ISBN 978-7-111-77143-2
定价：65.00元

电话服务　　　　　　　　　　网络服务
客服电话：010-88361066　　　机　工　官　网：www.cmpbook.com
　　　　　010-88379833　　　机　工　官　博：weibo.com/cmp1952
　　　　　010-68326294　　　金　书　网：www.golden-book.com
封底无防伪标均为盗版　　　　机工教育服务网：www.cmpedu.com

引 言

　　乐嘻嘻与乐哈哈离开爷爷后，就被一股神奇的力量往前推着，周围包裹着的五彩霞光，让他们有种孙悟空脚踏筋斗云般的梦幻感觉。

　　"我们要去哪里呀？"乐嘻嘻有些害怕，握着哥哥的手微微发抖。

　　乐哈哈觉得他应该表现出当哥哥的样子，长长地吸了一口气给自己壮胆："爷爷不会害我们的，你就放心吧！"可心里却暗暗嘀咕："讨厌的小墨，把我们带来就溜了。我们在阅读国人生地不熟的，这可怎么办呢？"

　　二人正忐忑着，五彩霞光渐渐暗淡，背后的推力也逐渐减小。一阵昏眩过后，他们发现自己站在一座城门前。

　　这是一个坐落在海边的城市，城门被设计成巨大的书本形状，书页是彩色的。城门上的文字闪烁着奇异的光芒，入城的人必须念出特定的咒语，门才会打开。当门打开时，人们就可以进入奇妙的文章城中了。

　　"我们哪知道什么咒语？要是小墨在就好了。"乐哈哈嘟囔着。

　　话音未落，只听到身后"啪"的一声，乐哈哈被吓了一大跳。回头一看，小墨正站在他的身后。

"小墨！"三个人瞬间你捶我打，闹成一团。

小墨刚回到阅读国，就听爷爷说两个小朋友已只身前往文章城了。他立即赶过来，正巧在城门口遇到二人。

文章城是阅读国里一个比较大的城池，也是通往手机国的必经之路。与阅读国要求的修炼整本书的阅读心法不同，这里提供给来客的是"一篇文章"的精读秘籍。但这些秘籍被藏在水、金、火、木、土五条街道里。

每条街道藏着的秘籍各不相同。

水街住着"**整体感知官**"，她温柔似水，像护城河一样滋润着文章城的万物。她会告诉来客阅读或学习文章时，要对所接触的材料进行全面快速的把握和理解。

金街住着"**获取信息官**"，吹尽黄沙始到金，他会教人们如何在特定的要求下，从烦冗的文字中搜集并提取出需要的信息。

火街住着的是美丽热情的"**评价鉴赏官**"，据说她一眼就能看出文章的好坏，并把好的地方讲得头头是道。

木街住着一位洞若观火的老人，他是"**形成解释官**"。他的性格很随和，总是知无不言、言无不尽，还能透过表面现象看到本质。

土街里住着的不是土行孙，但他像土一样，能变出很多样子，是"**创意运用官**"。他会教人们将创意运用到现实生活中，以此来实现某个目标或解决某个问题。他是文章城最后一位守关大将，据说能从

他眼皮底下通过的人并不多。

"唉，看来我们要常驻文章城了！"乐哈哈像一只泄了气的皮球，瞬间蔫了下来。

"也别这么丧气嘛！说不定这五位执掌官的阅读秘籍很灵呢！"乐嘻嘻鼓励哥哥。

小墨也拉着两个小朋友的手，说道："对，他们的阅读秘籍很厉害，一点儿都不亚于我爷爷！而且有五位智者传授，那可是更多智慧的结晶啊！你们想想看，闯过文章城，你们对文章的理解就会更清晰、更透彻，解答考试中的阅读题对你们来说就如囊中取物，分数会噌噌上涨的。那时候，你们的妈妈一定会……"

乐哈哈的脑海中浮现出身披高分语文试卷、满脸笑容的妈妈，充满艳羡眼神的同学，觉得不可思议但却十分欣慰的老师……更重要的是，还有面对试卷时如有神助的自己！

这些，太有诱惑力了！

"另外，如果你们能顺利出城，那战斗力将会翻一番呢！之后，你们要对抗手机国就更有实力啦！"小墨补充道。

"今天我就是上刀山下火海，也在所不辞！"乐哈哈一副英勇无畏的样子。

"好！"三人随着人群，向城里走去。

目 录

引　言

人物介绍

01 拜会"整体感知官"

站高点看文章，全面厘清层次结构

牢记四字箴言，
再长的文章都能轻松概括 / 002

厘清结构层次，
像庖丁一样有序"解牛" / 014

判断写作顺序，
看清作者的"排兵布阵"逻辑 / 024

寻找暗藏线索，
学侦探抽丝剥茧细心破案 / 037

理解中心主题，
深入体会作者的思想感情 / 048

借你一双慧眼,
根据要求找相关信息 / 062

再次加工信息,
你也是深度"加工厂" / 073

过渡句中心句,
往往藏在这几个地方 / 083

根据文章填空,
遇到时你要擦亮眼睛 / 096

推测不是瞎想,
抓住小细节全面把握 / 110

03 赴约"评价鉴赏官"

叫好不能"叫好",要体会文章写法的精妙

五种表达方式,
让文章丰富又多彩 / 124

评价文中形象,
联系内容进行说明 / 135

赏析优美语言,
好句子有哪些特征 / 147

好标题会吸睛,
分析标题好在哪里 / 158

出现环境描写,
千万别认为它没用 / 168

综合赏析文章,
关键在于学以致用 / 179

练就火眼金睛,精准提取有效信息

02 讨教"获取信息官"

04 寻访"形成解释官"

解释形成原因,读懂文章万千可能

解释关键词语,
考试没字典你也有办法 / 196

解释重点句子,
五个步骤啃最硬的骨头 / 207

解释文章标题,
要找到"包子皮"和"包子馅" / 218

解释人物情感,
透过言谈举止读懂内心 / 227

解释人物行为,
丰富的内心戏指挥身体 / 237

05

拜师"创意运用官"

联系生活实际,轻松实现读写一体

理解文意,
表达自己的感受和想法 / 250

利用文章,
解决生活中的一般问题 / 261

巧妙说话,
阅读中的劝说反驳辩论 / 271

仿写扩写,
教你几个读写一体妙招 / 282

人物介绍

乐嘻嘻
一名小学生,乐哈哈的双胞胎妹妹,擅长语文,是老师不可缺少的小助手。

乐哈哈
一名小学生,乐嘻嘻的双胞胎哥哥,调皮机灵,但不爱学习语文,作业总是交不上。

小墨
乐哈哈的语文试卷,带领乐嘻嘻和乐哈哈进入阅读国,开启了一段难忘的语文学习之旅。

小布头
阅读国一名学识渊博的小同学。乐嘻嘻视其为"对手",因为他总能抢先回答出各种问题。经过几番"交手",他们三人最终成为好朋友。

婆婆

文章城的"整体感知官",住在水街。她温柔似水,像护城河一样滋润着文章城的万物。她会告诉人们如何对所接触的文章进行全面快速的把握和理解。

无知大叔

文章城的"获取信息官",住在金街。"吹尽黄沙始到金",他会教人们如何在特定的要求下,从烦冗的文字中搜集并提取出关键信息。

小雪

文章城的"评价鉴赏官",住在火街。她美丽热情,一眼就能看出文章的好坏,并把好的地方讲得头头是道。

爷爷

文章城的"形成解释官",住在木街。他洞若观火、性格随和,总是知无不言、言无不尽,还能透过表面现象看到本质。

运用先生

文章城的"创意运用官",住在土街。他像土一样,能变出很多样子。他会教人们将创意运用到现实生活中,以此来实现某个目标或解决某个问题。

赴约
"评价鉴赏官"

叫好不能"叫好",
要体会文章写法的精妙

03

01

02

拜会
"整体感知官"

站高点看文章,
全面厘清层次结构

讨教
"获取信息官"

练就火眼金睛,
精准提取有效信息

04 寻访
"形成解释官"

解释形成原因，
读懂文章万千可能

05 拜师
"创意运用官"

联系生活实际，
轻松实现读写一体

牢记四字箴言，再长的文章都能轻松概括

小墨带着两个小朋友进城后，先找了一家客栈住下来，准备第二天去水街。

水街沿着护城河绕城一周，有点像人类世界中的环形路。水街里住着的"整体感知官"，是一位白发苍苍的婆婆，她像水一样温柔。看到这位婆婆，乐嘻嘻和乐哈哈不由得想到他们的外婆。

不同的是，这一次一起来学习文章阅读秘籍的是十几个小朋友，大家就围坐在婆婆身边，叽叽喳喳地说着话。

突然，外面一声巨响，紧接着传来驴马的嘶鸣。小朋友们立刻安静下来，继而一股脑地向外面跑去。过了一会儿，看热闹的孩子意犹未尽地回来了，七嘴八舌地交流着看到的场景。

外面发生什么事了？

马厩的棚顶塌了，砸到了马。

好端端的棚顶怎么就塌了呢？

应该是前段时间雨太大了吧!

 或许是棚顶的木材用得太久了。

肯定是年久失修!

 不会是传说中的侠士从棚顶上跑过去,把棚顶给踩塌了吧?

  小朋友们正猜测着,又听到婆婆问道:"那结果呢?马怎么样啦?有死的吗?伤了几匹?"

  "惨啊!有一匹马倒在地上半天起不来。我们劝马主人赶紧把它送去就医,就是不知道文章城里有没有医院呢……"

哦,原来是马厩的棚顶年久失修,塌下来的木材砸伤了马。

我们说了这么多,婆婆您一句话就把它概括出来了。您可真是高手呀!

"对啊,考试的时候我们经常会遇到这样的题目:**用一句简洁的话概括全文的主要内容**。碰到这样的题目时,我总是不由自主地写很多。老师说,我的表达欲太强了!"乐嘻嘻紧接着说。

"婆婆,您教教我们怎样简要地概括一篇文章或一件事情吧。听小墨说,您有很多理解文章的秘籍,我可是非常想得到您的真传呢!"乐哈哈的嘴像抹了蜜,开始发射"糖衣炮弹"。

婆婆没有直接回答乐哈哈的话,反问道:"我刚才问了你们哪几个问题?"

小朋友们努力回想——

概括文章

概括文章,其实就是把人们最想知道的信息提炼出来。

发生一件事情时,旁观者想知道与这件事情有关的人是谁,他为什么做这件事情,结果怎么样。读完一篇文章,读者其实也想知道这几个要素。因为文章来源于生活,但高于生活。

写事文章概括方法

概括一件事情时,把参与的人、发生的事、起因、结果这几个要素提炼出来,连成一段话,就是文章的主要内容。

"各位小朋友,你们都看过《西游记》吧?下面我们试着用这几个要素,概括一下《西游记》的主要内容吧!"

"人,很简单——唐僧师徒四人。"有个小朋友一马当先。

"事,肯定是西天取经咯!"

"结果嘛,就是到达西天取得真经。"

婆婆追问:"那他们为什么要去取经呢?"

小朋友们的意见各不相同。有的说是唐王派唐僧去的,有的说唐僧是为了给自己赎罪,他原来是如来佛祖的二弟子金蝉子,转世前曾犯下错误。

如果仔细读过原著,就会发现,唐僧作为佛家弟子,渴望得到西方大乘佛法,用来普度众生,于是踏上西天求经之路。

"哦,我知道了!《西游记》的主要内容可以这样概括:唐僧师徒四人为普度众生,前往西天取经,最后求得真经。婆婆,这样概括对不对?"乐哈哈兴奋得小脸都红扑扑的。

婆婆赞许地点点头。

"人事因果"四字箴言,用来概括一篇文章,是很有效的。各位小朋友,一定要记下来哦!

乐哈哈更高兴了,主动说:"要不您让我来读一篇文章,我用您教我的方法概括一下,再试试这个方法灵不灵?"

婆婆不紧不慢地为小朋友们呈现出一篇文章,这篇文章的题目是《点金术》。

很久很久以前,希腊有一个国王,名叫麦得斯,他最喜欢金子。

一天,他祈祷神灵赐给他更多的金子。神灵看他这样贪得无厌,就决定惩罚他,说:"好吧,我赐给你点金术,明天早晨你接触到的一切都会变成金子。"听到这话,麦得斯心花怒放,对自己说:"我将成为世界上最富有、最幸福的人了。"

第二天,他很早就起床了。他触到床,嘿!床竟然变成了金的。他开始穿衣服,衣服也成了金的。麦得斯高兴极了。

随后,麦得斯到花园里去赏花。天空晴朗,阳光明媚,玫瑰花芬芳艳丽。他摘下一朵大红玫瑰花,这花一到手中立刻变成了金的。他又摘下一朵,又成了金的。这使他很扫兴,因为他喜欢色彩缤纷的鲜花。

麦得斯去吃早饭。他端起一杯牛奶,牛奶立即变成了金的。他拿起一片面包,面包也成了金的。现在,麦得斯开始闷闷不乐了。因为,金子既不能吃,也不能喝。他虽然成了世界上最富有的人,但饥肠辘辘。

麦得斯又来到花园。他的小女儿正在花园里,看到爸爸,就向他跑来。麦得斯非常喜欢小女儿,便亲吻了她一

下，小女儿立刻变成了一座金雕像。

"神啊！我到现在才明白。"他痛苦地说，"把金子都拿走，把我的女儿还给我吧！"

神灵说："到你花园旁的河里去洗洗手，河水会把点金术带走的。"

麦得斯到河里去洗了手，然后，疾步如飞地向变成金雕像的小女儿跑去。他再一次亲吻她，金雕像还原成美丽可爱的小女儿。

麦得斯永远也忘不了这个教训。

小朋友们把文章阅读完毕，便按照婆婆提供的四字箴言来概括内容。

人——麦得斯，神灵，小女儿。

事——麦得斯请求神灵赐给他点金术，因此麦得斯身边的事物都变成了金子，包括他的女儿。

因——麦得斯太喜欢金子了。

果——麦得斯觉得自己喜欢金子很愚蠢，又让神灵把点金术带走了。

乐嘻嘻很快概括出这篇文章的内容：

麦得斯喜欢金子，祈求神灵赐给他点金术。之后，他身边的事物都变成了金子，包括他的女儿。这时，麦得斯觉得自己喜欢金子很愚蠢，又让神灵把点金术带走了。

文章较短，出现的人物也少，会比较容易概括。但概括包含多人物的长文章时，就要抓住主要人物、主要事件，不可统统写上去。

乐哈哈把这句话写在笔记本上，边写边说：

婆婆，我发现这个方法概括写事的文章好用一些，可如果碰到写人、写物或写景的文章，这个方法就失灵了吧？

写事文章是出现频率较高的文章，但其他文章也有相应的概括方法。

写人文章概括方法

写人文章,往往是通过一个人的几件事情,表达人物特点。概括时,可用"人+事"的方法概括这个人的一件或几件事,再加上人物特点即可。

如:爸爸教我在买菜时用统筹学以及7点准时吃晚饭这两件事,表现出了爸爸是个注重时间、讲究效率的人。

写景文章我倒是读过很多,要么是一篇游记,作者按照游览顺序写一个景物,要么是写一个景物的某几个方面或某些特点。那怎样才能做到简洁概括呢?

写景文章概括方法

说清楚有哪个景点,有什么特点,也就是"两点"。

如：张家界索溪峪的山是野的，水是野的，动物是野的，到了这里，人也变得野起来。

写物文章概括方法

我觉得这个方法也可以用来概括写物文章。写物文章和写景文章有些相似，都是从某些方面写出一个事物的某些特点。

如通过写小猫的外貌和生活习性，突出小猫的可爱。

旁边有一位同学站起来，气定神闲但把握十足地说。

婆婆表扬了他，他在大家羡慕的目光中镇定地坐下来。乐嘻嘻和乐哈哈也不由得向他多看几眼，准备结识这位小伙伴。

要点提炼

牢记四字箴言,再长的文章都能轻松概括
- 概括文章 — 把人们最想知道的信息提炼出来
- 不同文体的概括方法
  - 写事文章概括方法:人、事、因、果
  - 写人文章概括方法:用"人+事"的方法概括主要人物的一件或几件事,再加上人物特点
  - 写景文章概括方法:文章写了哪个景点,有什么特点
  - 写物文章概括方法:从某些方面写出一个事物的某些特点

厘清结构层次，像庖丁一样有序"解牛"

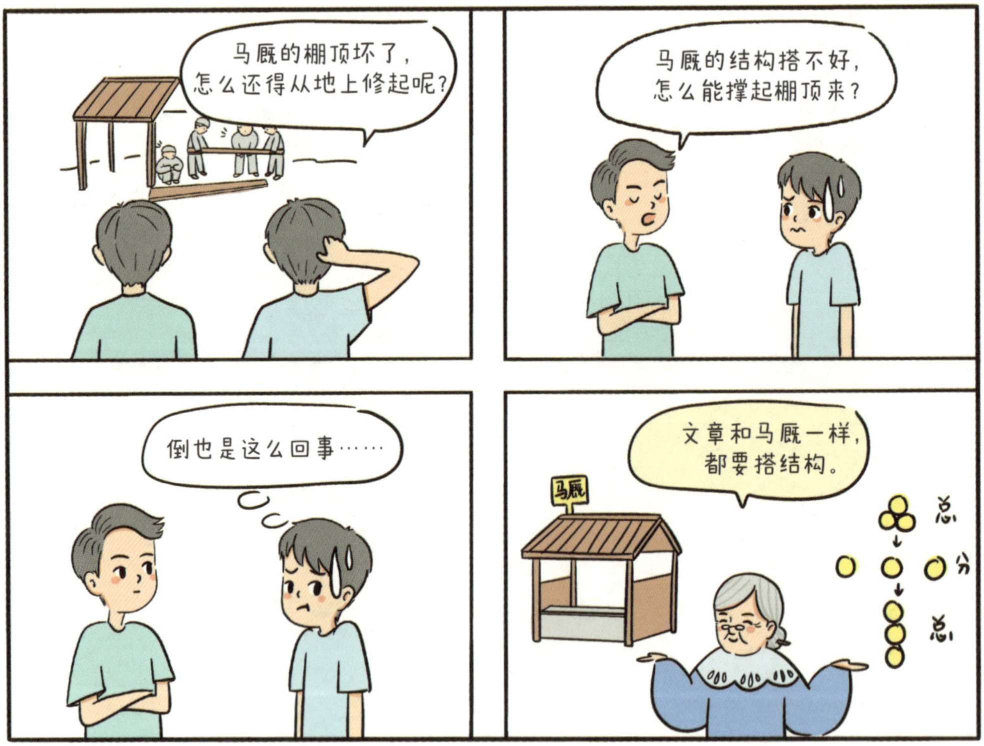

休息的时候,一群孩子到院子里玩。马厩里的马已经被转移到别处,人们搬来许多木头,围着马厩用尺子测量比画,有条不紊地忙着。

"不是马厩的棚顶坏了吗?怎么还得从地上修起呢?"乐哈哈有点不明白。

"马厩的结构搭不好,怎么能把棚顶撑起来?"那位男同学冷冰冰地说。

乐哈哈被噎得说不出话,但他说得好像很在理。

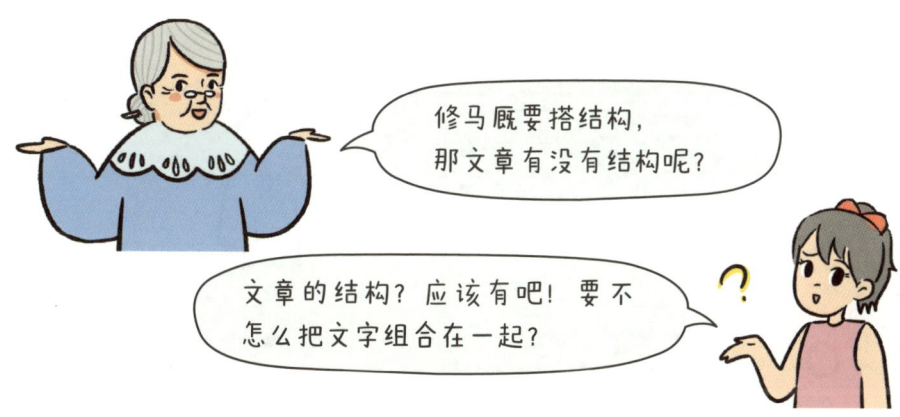

结构

"结构"一词,原是建筑学上的一个术语,指的是建筑物的内部构造、整体布局。

后来借用到写作中,用以表现一篇文章布局的艺术。如果说主旨是文章的灵魂,材料是文章的血肉,那么,结构就是文章的骨骼。

"听您这么一说,结构好像很重要。"

在写作文时,小朋友们似乎还没有考虑过结构,但在做阅读理解时经常会碰到这样的题目:

请分析一下这篇文章的结构。
说说本文中各段之间有什么关系?

面对这些题目,我就有些发愁了。

文章中,最常见的结构类型是总分结构。
总分结构又分为三种:总分、分总、总分总。

"我们来读读这篇文章,看看它是什么结构。"婆婆从身边的口袋里摸出一篇文章,分给小朋友们。

西湖的绿

西湖的春天是翠绿。那绿中满是鸟语花香、诗情画意。

西湖的夏天是浓绿。那山那水那荷,真的是"接天莲叶无穷碧"的意境,那气势,让你觉得整个城市的天空甚至建筑都是绿荫环抱、凉爽怡人的。

西湖的秋天是黄绿,成熟而妩媚。当你还在远离西湖的某条马路上时,你就能闻到那沁人心脾的桂花香,若有若无、隐隐约约,如殷勤而美丽的西湖女子那迷人的微笑,让你遐想,让你留恋。你会怀疑那绿树深处透出的黄灿灿的骨朵,是一个个富有生命的西湖里的小小精灵。

西湖的冬天是苍绿,如一位热爱生命、依然意气风发的健康老者。你看那凛冽的寒风里,樟树、茶树、翠竹以及许许多多叫不出名字的植物,傲雪笑霜,绿意依然,就算是梧桐,也始终会有一些叶子不愿凋零,顽强的生命力让人动容。

西湖是杭州人的母亲湖,绿是生命的颜色。西湖的绿色,必将在这个太平盛世中绽放出更加奔放的生命活力。让西湖的绿,蔓延到全国,蔓延到全世界吧。让我们的地球,成为一个永远年轻的绿色星球。

这可难不倒乐哈哈。

我判断这篇文章的结构是分总。前面四个自然段分别写了西湖的春天、夏天、秋天和冬天。最后写西湖的绿色,让这个太平盛世绽放出更加奔放的生命活力。

如果我们要把这篇文章变成"总分"结构或者"总分总"结构,该怎么做呢?

变总分结构,可以把最后一段话放在第一段。先总写西湖的绿色释放出的生命力,再分别写它的四个季节。

如果要变成总分总结构,可以在前面加上一个总写的句子。

比如,在西湖畔,湖水绿如翡翠,微风轻拂,波光粼粼。绿树环绕,花香弥漫,山峦起伏,景色宜人。

> 文章中除了这种结构之外,还有其他的结构类型:并列式、承接式和对照式。

> 并列式是指文章中没有概括全文的句子,而是从事物的几个方面来展开叙述。并列式文章最大的特点是所写事物的几个方面是可以调整的,并没有先后之分。

> 婆婆,我可以把这篇文章变成并列式!直接把最后一段去掉,四个段落写西湖四个季节的绿,对不对?

> 但承接式就不一样了。

> 承接式文章,段与段之间是按照所写内容的先后顺序,一层紧接一层连起来的,前后不能颠倒。就像写一件事的发展过程,或者是按时间顺序,或者是按事物变化顺序。

海滨的夏夜

这是一个迷人的海滨的夏夜。

夕阳西下,天空燃烧着一片橘红色的晚霞,大海被那霞光染成红色,比天空的景色更壮观。当一排排波浪涌起的时候,那映照在浪峰上的霞光,又红又亮,滚动着,使人赞叹。

夜幕降临,天空的霞光渐渐淡下去了,深红的颜色变成了浅红,当一切红光都消失了的时候,那高而远的天空中便出现了启明星。它那么大,那么亮,放射着令人注目的光辉,活像一盏挂在高空的明灯。

夜色加浓,各处的灯火也陆续亮了起来,尤其是山坡上那一片片灯光,从半空中倒映在乌蓝的海面上,像一串串流动着的珍珠。

我踏着软绵绵的沙滩,望着这夏夜的景色,心里有说不出的愉快和兴奋。

"像这篇文章,就采用了承接关系。文章中有很明显的表示时间的词语'夕阳西下''夜幕降临''夜色加浓',其段落不能颠倒"。婆婆解释道。

如果一篇文章有很明显的时间顺序、事物变化,一般都是采用承接结构。

那对照式结构是什么呢?是不是对比?

对照式,就是提出一个观点之后,从正反两个方面对这个观点进行论证,目的是通过两个方面的对照,突出说明其中一个方面的正确性,另一个方面只起烘托、陪衬的作用。

此外,一些记叙文也经常会描写有对比性的场面或者将人物进行对照。比如把悲与喜、好与坏、善与恶、喜欢与讨厌等场景放在一起进行对照,更能够突出文章的主题。

乐哈哈眨眨眼睛,狡黠地问:"此处,是不是应该有个例子呢?"

婆婆低头沉吟了一下。

假如要表达"机遇来临时,我们要紧紧抓住它"这个观点,就可以从正反两个方面论证。

正面	反面
列举抓住机遇的一些人。	列举因优柔寡断错失机遇，造成可悲的结局的人。
• 孔明遇上刘备三顾草庐，才有了隆中之对、联孙抗曹、三足鼎立之伟绩。 • 姜尚水之滨直钩垂钓，遇上求贤若渴的文王，终成就万世之伟业。	• 项羽刚愎自用、优柔寡断，致使刘邦脱逃，后患无穷。四年的楚汉之争，项羽节节败退，最后自刎乌江。 • 清政府闭关锁国，终日沉浸在天朝上国的迷梦之中，痛失强国机遇，直至被侵略者的坚船利炮打开国门方才醒悟，导致近代中国积贫积弱。

最后，重申观点：古今中外，大凡成就伟业的人，都是珍视机遇的人。并鼓励所有的人，当机遇来敲门时，一定要抓住它，它会帮助我们在苦苦跋涉中来一次人生飞跃。

乐嘻嘻突然想到之前读过的那篇小古文——《王戎不取道旁李》，诸小儿看到"道边李树多子折枝"，便"竞走取之"，唯独王戎"不动"。诸小儿的"动"与王戎的"静"，不就是对照吗？

她把想法一说，婆婆果然表扬她能举一反三，很有悟性。小朋友们都为乐嘻嘻鼓掌，唯独那个小男生鼻子轻轻"哼"了一声。

要点提炼

厘清结构层次,像庖丁一样有序"解牛"
- 文章结构 —— 用以表现一篇文章布局的艺术
- 文章常见的结构类型
  - 总分结构
    - 总分
    - 分总
    - 总分总
  - 并列式 —— 文章中没有概括全文的句子,而是从事物的几个方面来展开叙述
  - 承接式 —— 段与段之间是按照所写内容的先后顺序,一层紧接一层连起来的,前后不能颠倒
  - 对照式 —— 对一个观点从正反两个方面进行论证

判断写作顺序，看清作者的"排兵布阵"逻辑

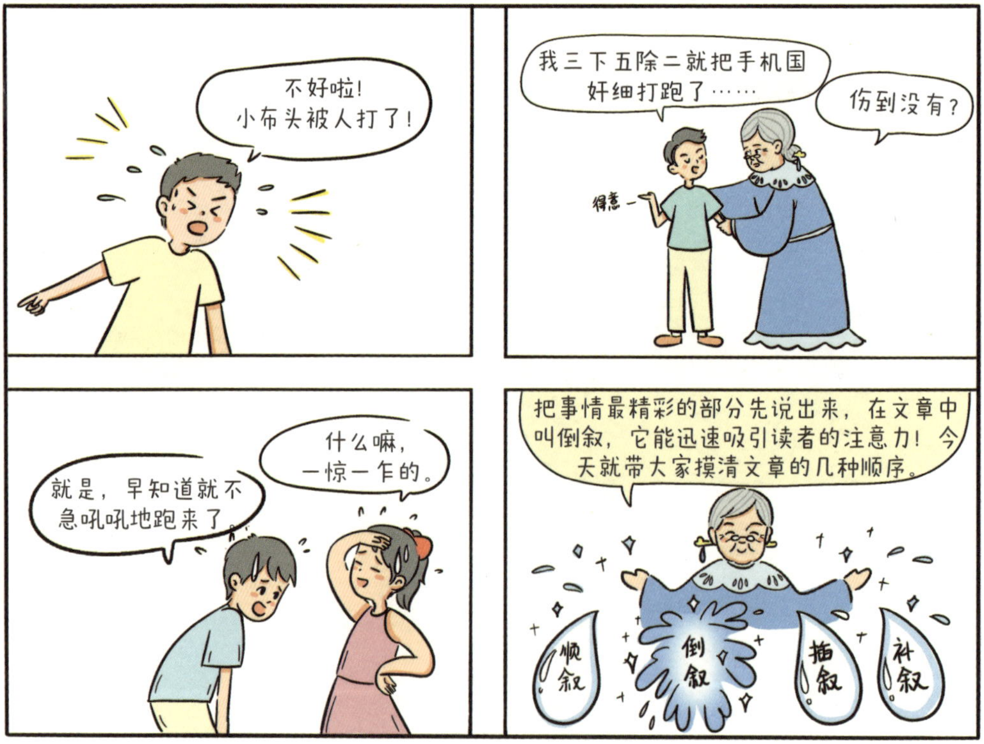

乐嘻嘻和乐哈哈刚来到水街凝晖堂，一位同学就急匆匆地跑了进来："不好啦！小布头被人打了！"

小布头就是那个看起来很骄傲的男同学，通过一天的相处，乐哈哈已经知道他的名字。虽然对这个同学没有眼缘，但发生这样的事，不能不去看看。于是，他拉着妹妹顺着人流往外跑。

小布头在街头大口大口地吐着气，仿佛刚结束一场长跑。婆婆细细地检查了小布头的全身，确认没有受伤，才放下心来，问道："怎么回事呢？怎么被人打了？"

"我刚刚在路上走，看到几个怪模怪样的人鬼鬼祟祟地说话。于是，我就放慢脚步听了几句。他们仗着人多势重，气势汹汹地向我发起攻击。幸亏我学过跆拳道，立即发动反攻。嘿嘿，不瞒你们说，我可是跆拳道八段选手。那几个小毛贼对我来说根本不算事，我三下五除二就把他们打跑了。可惜啊，我的短板是跑步，否则，哼……"

小布头得意扬扬地讲着他的"战斗"经历，那模样真像一个得胜回朝的将军。

乐嘻嘻和乐哈哈没有看到小布头挨揍的惨状，却围观了他的炫耀专场。都怪那个同学，一惊一乍的，

报来什么无头无脑的信息!

婆婆边带着大家往回走,边对大家说要注意安全。手机国派来的奸细无孔不入,文章城也不是太平之地。如此一来,这件事的来龙去脉就清楚了——

手机国的敌人混进文章城,他们可能在密谋什么事情。这一举动被小布头发现后,他们就对小布头发起攻击。但没料到小布头更胜一筹,反而把他们打得落花流水。

"早说嘛!我就不急吼吼地出去了,我担心得呀……差点没跑丢鞋子!"几位同学纷纷埋怨起报信人。

听到大家你一言,我一语,婆婆突然问道:

 你们有没有想过,为什么那位同学这么一说,你们就纷纷都往外跑呢?

 他的话激起了我的好奇心。

 想看看发生了什么事。

……

婆婆让大家静下来,郑重地给大家普及了一番。

把事情最精彩、最扣人心弦的部分先说给听众听，这在文章中叫倒叙。它能先人夺声，迅速抓取读者的注意力。而我们刚刚把事情重新捋了一遍，分析起因、经过、结果，这就是顺叙。

"借由这件事，我来给大家讲讲文章的顺序，这也是你们在阅读中和考试中经常遇到的问题。"

小朋友们立刻安静下来，拿出笔记本开始记录。

文章在叙述的时候，根据文章表现手法的不同，经常会采用不同的叙述方式。

叙述方式也叫叙述顺序，考试中常见的题型有三种：

1 判断顺序的类型

2 在文章中寻找体现顺序的关键词

3 分析某种顺序的作用

文章的叙述顺序有四种：

第一种：顺叙

第二种：倒叙

第三种：插叙

第四种：补叙

乐哈哈奋笔疾书，生怕自己错过一点，到时候连文章城最外围的水街都闯不进去。

婆婆接着说："那我先来说第一种顺序，也是文章中最常见的一种叙述方式——顺叙。"

各位小朋友要注意，这里"顺叙"的"叙"可和"文章顺序"的"序"不一样！

顺 叙

顺叙就是把事情从前到后，按部就班地述说一遍。一般情况下，按照事情发生发展的顺序、时间顺序和空间顺序写成的文章，都是顺叙。

"这样写的好处,就是能把事情说清楚。"乐哈哈插话。

"对!"婆婆看向乐哈哈,眼神里充满鼓励。

这样的记叙有条有理、层次清晰、脉络分明。起因、经过、结果,让人一看就很清楚,有利于主题的突出。

"我们来看这篇文章——"

忽略

夕阳斜照在玻璃窗上,再反射在阳台上的瓷砖上,幻出一片红红亮亮的光辉,很美,很好。孩子跪坐在椅子里,痴痴地望着阳台上沐浴着夕阳的花盆,无限美好的夕阳不吝啬地把光辉洒向花盆中的紫罗兰,使得本来就很美的紫罗兰更添几分美好。但孩子的心思全不在这,他只顾痴痴地看着花盆中紫罗兰叶下几根嫩嫩绿绿的小瓜苗。这是孩子几天前吃西瓜时好玩似的随意吐进花盆中的,没想到竟会长出瓜苗来。

孩子满心欢喜地看着,不禁叫出了声:"要是瓜苗慢慢地长出小西瓜来,那该多好啊!"接着孩子咯咯地笑了,满眼的憧憬。

孩子的母亲见了,走过来:"看什么呢?"

孩子忙把母亲拉到花盆前,开心地说:"妈妈,看,花盆里长了好多小苗苗!以后它们会长成大苗苗,结小西瓜给我吃的。"

母亲皱了皱眉头,笑了笑:"傻瓜,那些瓜苗过不了几天就会死的,根本长不出西瓜。"

孩子咬了咬嘴唇,接着笑了,睁大明亮的眼睛说:"会的,小瓜苗会长成西瓜的,我会天天照顾它们的。"

母亲笑着摇了摇头,转身就到厨房去了,忽略了孩子表现出来的坚决和信心。

一天下午,孩子从学前班回来后,照例跑到阳台,奔向花盆。顿时,孩子傻了眼,花盆中只有那株紫罗兰在夕阳下耀武扬威地炫耀着。孩子揉了揉眼睛,疑心自己看错了,但事实如此,嫩嫩绿绿的小瓜苗不见了。孩子"哇"的一声哭了。

之后,孩子哽咽着问母亲,"妈妈,小瓜苗怎么没了?"

"被我拔了,这有什么哭的。那些小瓜苗长在花盆里,影响了紫罗兰的生长,那些小东西,别管了。你也是,就知道哭。乖,别哭了。"母亲笑着责备孩子的淘气,拿出手帕擦擦孩子的眼睛。

此后,孩子的眼睛总爱往花盆里瞟,并且想把那株讨厌的紫罗兰给拔了,孩子也几次用手捏住它,但终究没拔。这也是一个生命呀,孩子想。

几天后,孩子画了一张画,画中是一个大大的花盆,花盆中有一枝小小的瓜苗,嫩嫩的,绿绿的,旁边写了行小字:

"我虽小,但我也是一个生命。"老师惊讶于他的想法,给了他满分。

孩子把画拿给母亲看,母亲看了看分数,笑道:"不错啊,真厉害,得了个满分。妈妈待会儿带你上街,给你买冰激凌。"

夕阳斜照在玻璃窗上,再反射在阳台上的瓷砖上,幻出一片红红亮亮的光辉,很美,很好。

孩子呆呆地望着花,觉得心里空空的。

"这篇文章,起因是孩子发现花盆里有小瓜苗,虽然妈妈说它过几天会死,但他还是愿意照顾瓜苗长大。经过是妈妈把瓜苗拔掉了,孩子很伤心。结果是孩子画的小瓜苗得了满分,妈妈很高兴,但孩子依旧很伤心。

"中间的两个词'一天下午''几天后'明显地把起因、经过、结果分开,所以这篇文章读起来层次清晰、脉络分明。"小布头摇头晃脑,仿佛还沉浸在胜利的喜悦中。

婆婆肯定了他的话。

- 按照事情发展顺序写的文章,会有明确的起因、经过、结果。
- 按时间顺序写的文章,一般都有表示时间的词语。
- 按空间顺序写的文章,则有较明显的表示位置、方位变化词语。

"阅读文章时,我们要把这些关键词勾画出来,它们为判断文章顺序提供了依据。"

"那倒叙的话,是不是把文章完全倒过来呢?"

倒 叙

倒叙就是把事情的结果,或者是重点部分、精彩部分放在最前面,然后再按起因、经过的顺序继续行文。

这样写,既能吸引读者,激发其阅读欲望,也能避免写作的平铺直叙,让文章更有波折,增加可读性。

"就像刚刚打报告的那位同学,就是把最核心、最关键的信息说给大家听,于是成功地把你们都拐走啦!"婆婆笑言。

小朋友们哄堂大笑,那个叫小鱼儿的同学反倒有些不好意思了。

那顺叙的文章能不能改成倒叙呢?

这个问题非常好!倒叙是把结果或精彩部分提前,再写起因、经过。如果我们要改造《忽略》这篇文章,就要把"孩子画的小瓜苗得了满分,妈妈很高兴,孩子依旧很伤心"放在最前面。

这样一改,果然更能吸引读者。人们会想:小男孩得奖了,妈妈都给他买冰激凌了,为什么他心里还是空空的呢?于是,产生继续阅读的兴趣。我以后,要多采用倒叙手法写作文。

插叙

在叙述过程中,由于表达的需要,暂时中断叙述的线索,在不改变中心的前提下,插入一段与主观情节相关的回忆,这就是插叙。

插叙就是对文章进行必要的补充和说明,使文章的情节看起来更完整,结构更严谨。也会为下文做铺垫或埋伏笔,以此突出文章中心。

"就拿刚才发生在小布头身上的事来说,叙述时可以插入对'手机国'和'他们的阴谋'的介绍,让大家都清楚手机国的险恶用心。"婆婆向大家解释第三种叙述顺序。

乐哈哈清清嗓子,又说话了:

插叙,一般写什么内容呢?总不能什么都插进去吧?

插叙往往有以下内容:
- 事情的背景交代。
- 行文过程中主人公的所见、所闻、所感。
- 人物的回忆、思念、想象等一些心理活动。

总之,插入的内容一定要与主要写的事情有关。

最后一种补叙,按字面意思就是补充叙述咯?

婆婆点点头。

补叙

补叙是行文中用三两句或一小段话对前面提到的人或事做一些简单的补充交代。

那我就有疑问了,插叙是对文章内容的补充交代,补叙也是。它们二者不是一样吗?

咦?好像是这么回事。

但婆婆很快为小朋友们解了疑。

插叙	补叙
仅是一个片段,插叙完后,文章仍回到原来叙述的事情上。如果删去,虽然会影响和削弱主题的深刻性,但不影响主要情节的完整性。	是构成情节的有机部分,一般发生在记叙的时间范围内,删去它会直接影响情节的完整性。

"原来插叙是吃饭时的水果,有了更好,没有也行。而补叙则是饭后的汤,不喝会很干。"乐哈哈为这节课的最后知识点做了很有趣的比喻。

01 拜会"整体感知官"

要点提炼

判断写作顺序，看清作者的「排兵布阵」逻辑

- **顺叙**
  - 事情发生发展的顺序
  - 时间顺序
  - 空间顺序
  - 好处：有条有理、层次清晰、脉络分明。起因、经过、结果，让人一看就很清楚，有利于主题的突出

- **倒叙**
  - 把事情的结果，或者是重点部分、精彩部分放在最前面，然后再按起因、经过的顺序继续行文
  - 好处：吸引读者，激发其阅读欲望；避免写作的平铺直叙，让文章更有波折，增加可读性

- **插叙**
  - 对文章进行必要的补充和说明
  - 好处：使文章的情节看起来更完整，结构更严谨。也会为下文做铺垫或埋伏笔，以此突出文章中心

- **补叙**
  - 行文中用三两句或一小段话对前面提到的人或事做一些简单的补充交代

- **插叙与补叙的不同**
  - 删去插叙不影响主要情节的完整性，而删去补叙会影响情节的完整性

寻找暗藏线索，学侦探抽丝剥茧细心破案

休息时间，小朋友们围着婆婆问文章城的历史，问水街的各种奇闻逸事，聊得好不开心。乐嘻嘻搂着婆婆的脖子，叫她"外婆"——她真的是把婆婆当成她的外婆了。

也许是乐嘻嘻的动作太亲密了，一不小心扯断了婆婆脖子上的珍珠项链。珍珠像调皮的孩子一样，蹦蹦跳跳地向房间四处滚去。小朋友们立刻像跳跃的松鼠，追逐着四下躲避的珍珠。不一会儿，珍珠就被聚集到婆婆的手中了。

婆婆看着手心的一把珍珠，缓缓地说："没有那根线，珍珠永远是一盘散珠；如果有一根合适的线，那珍珠就会被串成一条项链。项链也好，文章也罢，那根线真是太重要了！"

"文章还有线索，我怎么没看到？"乐哈哈疑惑着问。

"学习整本书阅读时，爷爷就告诉我们要读懂字里行间的意思。线索，也一定是藏在字里行间的。就像项链，如果戴上它，你哪能看到绳子呢？"乐嘻嘻提醒哥哥。

无论是写人、写事、写景、写物,还是抒情,文章中都会有一条线索,将各种材料串在一起。读者正是按照作者设置的线索,完成对文章的阅读和欣赏。

因此,准确把握文章线索,是厘清行文思路和写作顺序的关键,是打开文章主旨和作者情感的钥匙。抓住了线索,就抓住了作者的思路。

关于文章线索,我们要明确两个内容:

第一,线索是什么。

第二,线索有何用。

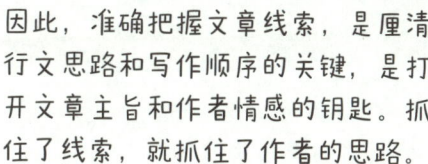

"第一个问题有时会换种说法:文章是围绕什么来写的?咱们先说第一个问题……"婆婆准备开讲,小朋友们已经把笔记本拿在手中。看来,他们已经养成及时记录的习惯啦!

线 索

线索,是作者组织文章材料的脉络或记叙描写的脉络。

文章中常见的线索类型有六种：

 以人为线索

 以事为线索

 以主要景物为线索

 以具有特殊意义的物品为线索

以时间的变化为线索 5

6 以主要人物的情感及变化为线索

婆婆一下子说了这么多，乐哈哈都有些跟不上了，嚷嚷着："慢一点嘛！我的手速可跑不过您的口速啊！"

婆婆笑呵呵地摸着他的头，开始解释。

1

以人为线索其实是极为常见的，常见到我们都不觉得它是线索，它就是将某一个人物的行为变化、人生历程的见闻等组织起来。一般来说，文章中的主人公"我"或第三人称"他"，就是线索人物。

小学语文课本有一篇课文叫《我们家的男子汉》，它是以成年人的视角来写孩子的趣事。文章写"他"要自己拿钱去学会买东西；遇到事情时，总是努力忍住不哭；当"他"不得不去托儿所，不得不去安徽和父母生活的时候，也会快速地去适应。这篇文章写了一个男孩子成长的过程，向读者展现了什么是真正的男子汉。

这篇文章，就是以"他"为线索。

"大家都看过安徒生的《皇帝的新装》吧？"婆婆突然问孩子们。

大家都点点头，乐哈哈已经讲开了："一个皇帝爱新装，两个骗子做新装，大臣装模作样看新装，皇帝全身赤裸穿新装。所有的谎言，最后被一个小孩子拆穿了。"

"你的总结好有意思，这篇文章就是以'皇帝爱新装'为线索。"婆婆说。

2 以主人公的事件为主要写作内容，就是以事为线索。

3 以主要景物为线索的文章，多是写景文章。比如游记，有较为清晰的行踪变化，也有景物的转换，也就是我们常说的移步换景文章。或者是描写一个景物在不同状态下，呈现出的不同特征。

那么,以具有特殊意义的物品为线索的文章,是不是多为写物的文章呢?

是的。以物品为线索,就是一篇文章的开头、中间和结尾都会出现同一个物品。这个物品通常具有某种特殊的意义或者功能,可以帮助主人公解决问题、找到答案或者揭示隐藏的秘密。

我们在寻找文章线索时,可以先参照文章的描写对象。描写对象一确定,线索也就随之明朗了。

以时间的变化为线索,这类文章往往具有标志性的时间词语。

如《伟大的悲剧》这篇文章,主要记叙斯科特和他的队员登上南极极点后,在返回的途中与严寒搏斗、死命挣扎的过程。其中,有如下时间点:1912年1月16日,1月18日,2月17日凌晨1点,3月2日,一天中午,3月21日,3月29日。

> 以主要人物的情感及变化为线索,一般是主人公的情感变化。

老舍曾写过一篇文章《母鸡》,从一开始"我一向讨厌母鸡",到后来的"尊重母鸡",重点写出了作者感情的变化。

"婆婆,我发现一个问题:按写作内容来讲,《母鸡》是写动物的,应该属于以'物'为线索吧!但为什么又成了以'感情变化'为线索呢?"乐哈哈不明白。

"其实,并不是所有文章都只有一条线索,有的文章是双线甚至是三线并行的。但即使是双线并行,主要线索也只有一条。而且一条线索是明线,一条线索是暗线。"婆婆说。

> 什么?双线三线并行?还分明线和暗线?

> 明线和暗线非常好区别,除了"人物情感"为暗线外,其余五种线索皆为明线。

"比如《母鸡》一文中,'母鸡'即为明线,而作者的感情变化就是暗线啦!"婆婆解释。

可问题又来了,乐嘻嘻也举起了小手。

婆婆,您有没有注意到以人为线索是写人的变化,以人物的情感及变化为线索也是写人的变化,那两者之间有什么区别呢?

这两者的主要区别在于强调的方向不同。

以人为线索

注重描写人物的行动和经历,是人物外在的表现。

以人物的情感及变化为线索

注重人物内心世界和情感的变化,是人物内心的表现。

如何找出一篇文章的线索呢?常用的方法有四种。

① 第一,从标题入手。

很多时候,文章的标题就包含了文章的线索,比如《奶奶的老花镜》一文,"老花镜"就是文章线索。

② 第二,注意常出现的词语和句子。

如果文章中反复出现一些词语或者句子,那么这些词语和句子也可能是文章的线索。

3 第三，注意文章的段落。

要像侦探一样细细观察段落中有没有表示时间、地点变换的词语或句子，如果有，一般就是以时间或景物为线索的文章。

4 第四，仔细体会文章中作者或主人公情感的变化。

一旦有"情绪变化"的苗头，则认为文章是"双线"并行，情感作为暗线潜藏在文章之内。

就像婆婆项链上的绳子一样，线索把文中的人物和事件巧妙地组合在一起，让文章层次更加清晰，结构更加严谨完整，更好地表现文章的中心。

"一条项链能引起这么多关于线索的讨论，看来事情的发生都是有安排的。现在大家可以读一读这篇文章，找找它的线索哦！"婆婆把文章给小朋友们展现出来。

北风乍起时

看完电视以后，老王一整夜都没睡好。第二天一大早就往武汉打电话，直到9点，那端才响起儿子的声音："爸，什么事？"他连忙问："昨晚的天气预报看了没有？寒流快到武汉了，厚衣服准备好了吗？要不然，叫你妈给寄……"

儿子漫不经心："不要紧的，还很暖和呢，到真冷了再说。"

老王絮絮叨叨，儿子不耐烦了："知道了，知道了。"搁了电话。

他刚准备再拨过去，铃声突响，是他住在哈尔滨的老母亲，声音发颤："天气预报说，北京今天要变天，你加衣服了没有？"疾风阵阵，穿过窗户缝隙乘虚而入，他还来不及答话，已经结结实实打了个大喷嚏。

老母亲急了："已经感冒了不是？怎么这么不听话？从小就不爱加衣服……"絮絮叨叨，从他7岁时的"劣迹"一直说起，他赶紧截住："妈，你那边天气怎么样？"老人答："雪还在下呢。"他不由自主地愣住了。

在寒潮初袭的清晨，他深深牵挂的，是北风尚未抵达的武汉，却忘了匀一些，给北风起源处的故乡和已经年过七旬的母亲。

人间最温暖的亲情，为什么竟是这样的？老王自己都有点发懵。

"文章围绕主人公老王写了两件事：第一件事是他给武汉的儿子打电话叮嘱他要多穿衣服；第二件事是哈尔滨的老母亲叮嘱他多穿衣服。以主人公亲身经历的事情为主要写作内容，那这篇文章应该是以事为线索。"小布头抢得发言权。

看他洋洋得意的表情，乐嘻嘻可不想和他一争高下。现在萦绕在她脑海的是一个大问题：婆婆老说"点明文章中心"，老师也经常这么说，但到底什么是文章的"中心"呢？

要点提炼

寻找暗藏线索，学侦探抽丝剥茧细心破案

- **文章中常见的六种线索类型**
  - 明线
    1. 以人为线索
    2. 以事为线索
    3. 以主要景物为线索
    4. 以具有特殊意义的物品为线索
    5. 以时间的变化为线索
  - 暗线
    6. 以主要人物的情感及变化为线索

- **寻找线索常用的四种方法**
  - 第一，从标题入手
  - 第二，注意文章中反复出现的词语或者句子
  - 第三，注意文章段落中有没有表示时间、地点变换的词语或句子
  - 第四，仔细体会文章中作者或主人公情感的变化

- **线索的作用**
  - 把文中的人物和事件巧妙地组合在一起，让文章层次更加清晰，结构更加严谨完整，更好地表现文章的中心

理解中心主题，
深入体会作者的思想感情

"其实,你不只会看到'点明文章中心'这样的词语,还会看到'点明主题''点明主旨''点题'这些词语,那这些词语表达的意思都一样吗?"婆婆把乐嘻嘻的问题往更深处推进。

小朋友们只有摇头的份了。

要想明白它们的区别,就要先了解"主题""中心思想""主旨""标题"这几个词语的含义。

- **主题**:文学、艺术作品中所表现的中心思想,是作品思想内容的核心。
- **中心思想**:文章、发言中的主要思想内容。
- **主旨**:主要的意义、用意或目的。
- **标题**:标明文章、作品等内容的简短语句。

标题是最好理解的,但其他三个词语嘛,也没看出有什么区别……

主 题

主题体现作者的主要写作意图,是作者对所写事物的基本认识和理解,贯穿整篇文章。

在不同文体中，主题有不同的称谓：

在文学作品中叫"中心思想"，有时也叫"主旨"，指的是文章表现的主要思想，或流露出的情感和意向。

在记叙文和说明文中叫"中心思想"或"中心意思"。

在议论文中一般叫"中心论点"或"基本论点"。

我知道了，它们三个其实是一回事！

那它具体是什么？有什么用？

婆婆并没有直接回答这个问题，而是问小朋友们："如果要进行一场战争，谁会决定它的胜负？是成千上万冲锋陷阵的士兵，是指挥士兵上阵杀敌的大将，还是运筹帷幄制定战略的统帅？"

小朋友们都认为是统帅。

统帅！

"那么,在一篇文章中,什么是统帅呢?是结构?是素材?是语言?还是主题?"

小朋友们还是选择了最后一个。

婆婆这才缓缓地做出解释。

作者通过素材与表达方式,最想表达的情感和道理,就是文章的主题。

"比如,我想写水街特别小气的胖阿东,大家对他一毛不拔的品行叹为观止。但我不能指名道姓,揭他的短,否则就会遭到他的打击报复。于是,我就构思了一篇文章——《临死前的严监生》……"

"婆婆,你抄袭!这文章可不是你写的!"乐哈哈当场"揭穿"。

"那好吧,那就写《临死前的李监生》吧!"婆婆莞尔一笑,"无论是严监生还是李监生,其实我的主题并没有变化——写一个人的小气。为了突出这个主题,我会安排几件匪夷所思的事情。读者看完文章后,会纷纷把他列为世界第五大'吝啬鬼'!"

我知道了！主题决定选什么素材。就像你要先确定做哪道菜，才能准备相应的食材。

事实上，主题还是安排结构的依据，参与着文章的主次、详略、过渡、照应、层次……同时，主题也会制约文章表达方式的选择和使用，决定文章的遣词造句。

可以说，一篇文章要是没有明确、鲜明的主题，再怎样华丽地堆叠词语或素材，都毫无价值。

"我怎么感觉，主题就是影视剧中的'幕后老大'，虽然藏身暗处，但江湖上桩桩件件的事情，都与他脱不了干系。"乐哈哈对"主题"有了新的理解。

还别说，他的这个比喻真是非常形象，连婆婆也为他拍手叫好。

在一篇文章中,主题就是作者想要表达的思想感情,或者想告诉人们的道理启示,或者想要塑造的人物形象,或者作者的理想追求。

所谓一个句子或段落能够"点明中心""点明主题""点明主旨",就是这个句子或段落写出了以上四个方面中的任意一个。

乐哈哈的头有些大,这些话对他来说有些"烧脑"。

等等,我的耳朵说它听到了,但脑子说它完全不明白。您具体给我们举例说说呗!

我们还是来读读这篇文章吧!

婆婆从她的百宝袋里摸出一张纸。

美丽的兴凯湖

祖国北方，有许多美丽的山水，最让我难以忘怀的，是素有"绿宝石"美誉的兴凯湖。

它不是海，却像海一样辽阔，海一样磅礴。从遥远的地平线上聚集的白色波涛，连接成一道道雪墙，鼓动着，喧嚣着，一齐奔涌向前。一段波涛从高处跌落了，另一段波涛又卷起来，彼此呼唤着、牵扯着，追赶着，或迎着旭日，或驮着晓月，一排排向岸边扑来。毫不疲倦的兴凯湖波涛，就这样奔腾着，轰鸣着。

有时候，兴凯湖很温柔，很平静，平静得没有一丝波纹，一点浪花。澄澈的湖水尽头与天空的青黛色连成一体，让你分不清哪是湖水哪是青天。眼前的鸟儿在飞翔，你却辨不清是贴水低掠还是在高天振翅。蓝天上飘拂的白云倒映在水面，清晰异常，使你觉得自己也变成一只鸟儿，正在云天翱翔。

在兴凯湖久了，你还会发现，无论是春天、夏天，还是秋天，起伏的浪花永远是洁白的。只要有一点枯枝腐叶，都会被水流、巨浪抛上岸去。湖水永远清澈透明，如云，如梦，如诗。

兴凯湖是鱼的世界，更是鸟的天堂。在湖边一个月牙形的沙滩上，就栖息着成千上万只鸥鸟，像一片灰白色的云，又像一团团银色的雾，罩住整个大沙滩，连一点空隙都没有。它们拥挤着，喧嚷着，骚动着，仿佛在举行盛大的集会，

欢快热烈。白天，它们飞到辽阔的湖面寻觅鱼虾，洗涤羽毛，尽情嬉戏；晚上，互相依偎，共同歇息在这安宁的王国。

这篇文章的第一段，作者就很直白地说：兴凯湖最让我难以忘记。很明显，这是作者在表达情感，因此，是不是可以说开头段落点明了文章中心？

对，可以这样理解。

小布头看完整篇文章，经过一番深思熟虑后才开始说话："其他几个段落，虽然没有像开头那样赤裸裸地表达情感，但在景物描写中，暗含着作者对兴凯湖的热爱、赞美之情。是不是可以理解为，其他段落也是在点明文章的中心呢？"

对小布头的这番发现，婆婆给予了极大的赞赏。

借景抒情是常用的写作手法，是指作者带着强烈的主观感情去描写客观景物，把自身所要抒发的感情、表达的心情通过描写此景此物予以抒发。因此，这样的段落也是在点明文章中心。

01 拜会"整体感知官" 055

婆婆从她的百宝袋里摸出第二篇文章：

钉子的故事

有一个坏脾气的男孩，他父亲给了他一袋钉子。并且告诉他，每当他发脾气的时候就钉一根钉子在后院的围栏上。第一天，这个男孩钉下了37根钉子。慢慢地，每天钉下的数量减少了，他发现控制自己的脾气要比钉下那些钉子容易。于是，有一天，这个男孩再也不会失去耐性，乱发脾气了。

他告诉父亲这件事情。父亲又说，从现在开始，每当他能控制自己脾气的时候，就拔出一根钉子。一天天过去了，最后男孩告诉他的父亲，他终于把所有钉子都拔出来了。

父亲握着他的手，来到后院说："你做得很好，我的好孩子，但是看看那些围栏上的洞，这些围栏将永远不能恢复到从前的样子。你生气的时候说的话，就像这些钉子一样留下了疤痕。如果你拿刀子捅别人一刀，不管你说了多少次'对不起'，那个伤口将永远存在。话语带来的伤痛就像真实的伤痛一样，令人无法承受。"

人与人之间常常因为一些无法释怀的坚持，而造成永远的伤害。如果我们都能从自己做起，开始宽容地看待他人，相信你一定能收到许多意想不到的结果。为别人开启一扇窗，也就是让自己看到更完整的天空。

"这篇文章的主题，就是作者写在最后的道理。为了讲清楚这个道理，作者还在前面讲了一个故事。不过我有一个发现：文章的主题，往往在开头段或结尾段，因此读这些段落时，我们须留意。"乐嘻嘻越来越善于发现了。

婆婆，如果要概括文章的中心，还有什么方法呢？

明确文章中心是读透一篇文章的基础。概括文章中心，除了关注开头结尾段落，还要关注文章中的过渡句。另外，文章的标题一定不要忽略。

很多文章的标题，其实就是作者想要告诉人们的道理，如《通往罗马的路不止一条》《求助也是一种力量》《蘑菇转了一个弯》等，自然，它们也就是文章的中心。

而以人为主的记叙文,其塑造的人物形象就是文章的主题。因此,要从人物的语言、行动等方面分析,归纳出文章主旨。

但不管采用哪种方法概括,主题不外乎上面四种。只要仔细阅读,都能将其找到。

水街的尽头处,一座古老的渡口静静地矗立着。渡口上建有一座精美的木制栈桥,两岸的树木在微风中轻轻摇曳,仿佛在为渡口增添一份神秘和宁静。

婆婆领着小朋友们在渡口前站下,说道:"整体感知文章一般从概括主要内容、厘清结构层次、判断写作顺序、寻找线索、理解主题中心入手。以上五种方法,我已悉数教给你们。"

"这个渡口,名为龙门渡,取鲤鱼跃龙门之意。渡口边的无量船会过来载你们,顺利通过的孩子将获得通关卡牌,进入文章城的金街,如果被无量船又拉了回来,就还要继续陪我哟!"

一艘小船缓缓驶来,船头须发皆白的船夫持一把结实的船桨。这把桨就像扫描仪,从孩子们身上扫过,他们便向下个站点出发了。等他们醒过神来,船上只剩下乐嘻嘻、乐哈哈与小布头三个小朋友了。

要点提炼

- 理解中心主题，深入体会作者的思想感情
  - **文章的主题** —— 文章的主题，也叫中心思想，指的是文章表现的主要思想，或流露出的情感和意向
  - **主题在文章中的作用**
    - 决定选什么素材
    - 是安排结构的依据
    - 参与着文章的主次、详略、过渡、照应、层次等
    - 制约文章表达方式的选择和使用
    - 决定文章的遣词造句
  - **文章的四大主题**
    - 作者想要表达的思想感情
    - 想告诉人们的道理启示
    - 想塑造的人物形象
    - 作者的理想追求
  - **概括文章中心的方法**
    - 关注开头结尾段落
    - 关注文章中的过渡句
    - 文章的标题一定不要忽略

赴约
"评价鉴赏官"

叫好不能"叫好",
要体会文章写法的精妙

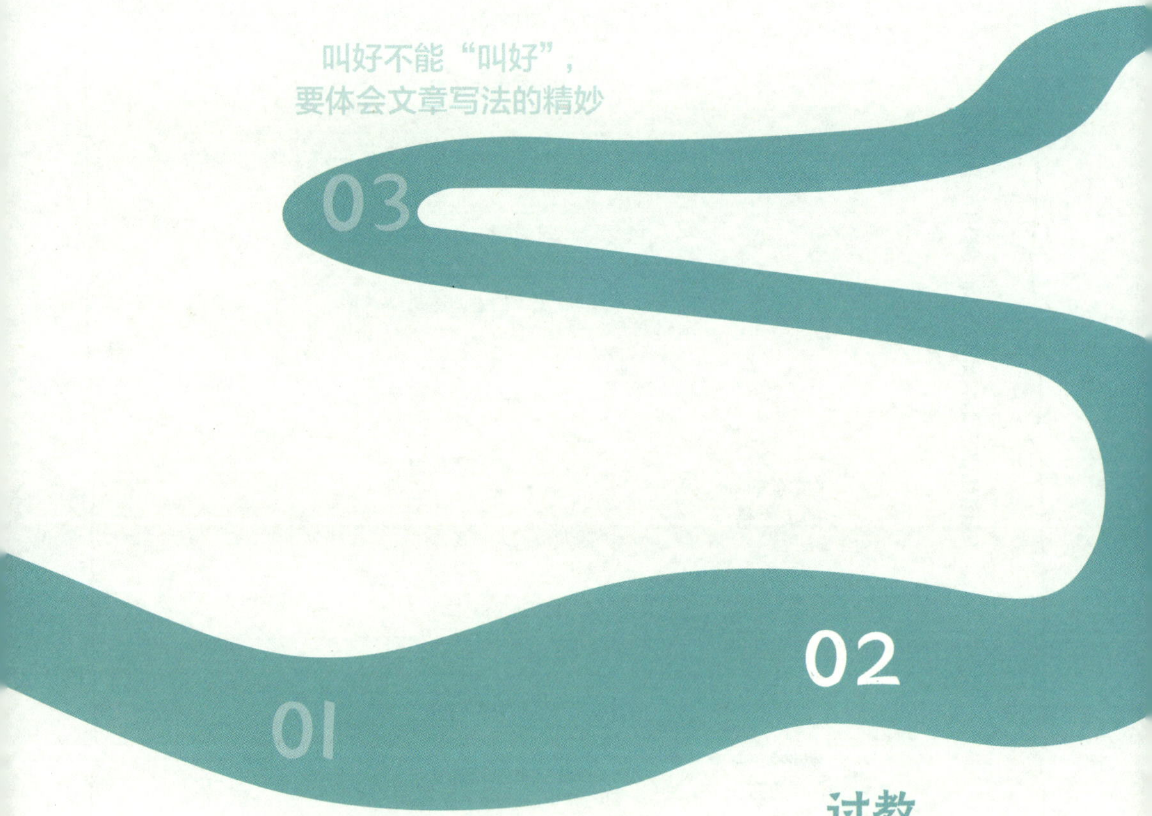

03

02

01

讨教
"获取信息官"

练就火眼金睛,
精准提取有效信息

拜会
"整体感知官"

站高点看文章,
全面厘清层次结构

04 寻访"形成解释官"
解释形成原因,读懂文章万千可能

05 拜师"创意运用官"
联系生活实际,轻松实现读写一体

借你一双慧眼，根据要求找相关信息

金街，文章城中一条繁华喧嚣的街道，尤其在夜晚，弥漫着一种神秘而迷人的氛围。街道两旁是古老建筑风格的店铺，精心设计的木制门窗透露着岁月的痕迹。

沿着金街向前走，耳边不断回荡着的是人们的谈笑声。透过窗户看进去，可以看见店内布置得典雅华丽，持不同口音的人们有的高谈阔论，有的窃窃私语。

有人的地方就有生意。金街两旁星星点点的美食店铺里散发出阵阵诱人的香气。小贩们拿着手中的灯笼，在摊位前徘徊叫卖，唤起路人对美食的欲望。街上人声鼎沸，各种消息如流水般在金街涌动。

果然如小墨所说，金街是江湖百晓生的聚集之地，是信息流动最快、最多的地方。

沿街行走，你会发现金街上有一座古老的书斋，在夜晚散发着微弱的灯光。这是"获取信息官"工作的地方，他坐在木质桌椅后面，手中拿着毛笔和纸张，一边用耳朵仔细倾听来自四周的声音，一边记录下重要的信息。

"这就是'获取信息官'无知大叔，他的耳朵非常灵敏，能听到来自金街各个角落的声音。"小墨低声告诉乐嘻嘻和乐哈哈，就在他说这句话时，对方就敏锐地抬起头，好像在寻找说话的人。

"是我，小墨。我带着几个小朋友向您请教获取信息的方法，这是他们的通关卡牌。"小墨恭恭敬敬地走向无知大叔，深深地鞠了一躬，并把卡牌递上去。几个小朋友也跟着小墨，向他鞠躬。

这时，无知大叔抬起头来，看着眼前的这几个小朋友。待乐嘻嘻看清他的长相后，惊得差点叫起来——他的眼睛很大，足有两颗乒乓球那么大，还突兀地向外瞪着。他的耳朵也很大，像两只小扇子，就在看他们时还在不停翕动。与他巨大的眼睛形成强烈反差的是，他的嘴巴很小，乐嘻嘻怀疑都塞不进一粒花生米。如此不协调的五官凑在一起，所有小朋友都看得目瞪口呆！

无知大叔好像明白孩子们的意思，但没有一点要解释的意思。直截了当地说道："文章城每天会有数不清的信息进入我的耳朵和眼睛。而人类世界因为互联网的普及，信息量更是文章城的很多倍。面对如此海量的信息，我们一定要学会从中提取有效、有用的信息。"

"啊，对对对！"乐哈哈虽然对无知大叔的外貌有些"震惊"，但还是很同意他的说法，"那您能不能教教我们从文章中提取有效信息的方法呢？"

"方法？方法有的是。"无知大叔似乎早有准备，从案头摸起一张纸条，递给小墨。小墨连忙接过，带着小朋友们从房间里退出来。

 他是不是不想见我们呀？这么冷漠。

 嘘——他的工作虽然很忙，但一定会把他知道的阅读秘籍全部告诉我们的。你们知道他的耳朵和眼睛为什么那么奇怪吗？是因为他看到的、听到的信息非常多……

 我明白了！他说话很少，是因为他嘴巴长得小。

 或者说因为他嘴巴长得小，所以才说话很少。

 这正如我们在阅读文章后，最后提取出来的信息往往要简单明了！

小朋友们这才恍然大悟，这让他们想到人们常说的：人之所以长着两只眼睛、两只耳朵和一张嘴，就是要多看、多听、少说。

打开无知大叔提供的阅读秘籍，他们看到以下内容：

1

第一步：
浏览全文。

快速地把全文浏览一遍，看看文章有几个自然段，初步判断文章的内容：哪些内容与题目无关或者关系不大，哪些是写作重点。读完全文后，一定要看题干要求，明确要提取哪些方面的信息。

2

第二步：
概括段意。

用寻找中心句或概括每段内容的方法，快速概括每个自然段的主要意思。

3

第三步：
瞄定目标。

根据题干中的要求，判断其对应的信息在文章的哪个自然段，然后把阅读注意力放在这一段上。

4

第四步：
专注阅读。

如果说前三步是在敲开文章的大门，那么这一步则是进入文章内部。这时候要从头到尾细细阅读，一边读一边思考、圈画，找出符合题干要求的信息。信息找出后，要再次回观题干，确定是否正确。

5

第五步：提取关键词。

从匹配的信息中提取关键词，尽量做到简洁明了。有的时候还需要借助其他资料对已有资料进行补充，或相互验证，以提高信息的准确度。

果然,无知大叔的秘籍符合提取信息的原则——简单直接,一句废话也没有,但具体怎么做呢?小墨,这下你可得帮帮我们啦!

小墨翻到秘籍背面,见是一篇文章——《雅舍》。

到四川来,觉得此地人建筑房屋最是经济。

火烧过的砖,常常用来做柱子,孤零零地砌起四根砖柱,上面盖上一个木头架子,看上去瘦骨嶙峋,单薄得可怜;但是顶上铺了瓦,四面编了竹篦墙,墙上敷了泥灰。我现在住的"雅舍"正是这样一座典型的房子。

这"雅舍",我初来时仅求其能蔽风雨,并不敢存奢望。现在住了两个多月,我的好感油然而生。虽然我已渐渐感觉它并不能蔽风雨。因为有窗而无玻璃,风来则洞若凉亭;有瓦而空隙不少,雨来则渗如滴漏。纵然不能蔽风雨,"雅舍"还是自有它的个性。有个性就可爱。

"雅舍"的位置在半山腰,下距马路约有七八十层的土阶。前面是阡陌螺旋的稻田。再远望过去是几抹葱翠的远山,旁边有高粱地,有竹林,有水池,有粪坑,后面是荒僻的榛莽未除的土山坡。若说地点荒凉,则月明之夕,或风雨之日,亦常有客到,大抵好友不嫌路远,路远乃见情意。

"雅舍"共是六间,我居其二。篱墙不固,门窗不严,故我与邻人彼此均可互通声息。邻人轰饮作乐,咿唔诗章,喁喁细语,以及鼾声,喷嚏声,吮汤声,撕纸声,脱皮鞋声,均随时由门窗户壁的隙处荡漾而来,破我岑寂。入夜则鼠子瞰灯,才一合眼,鼠子便自由行动,或搬核桃在地板上顺坡而下,或吸灯油而推翻烛台,或攀缘而上帐顶,或在门框桌脚上磨牙,使得人不得安枕。比鼠子更骚扰人的是蚊子。"雅舍"的蚊风之盛,是我前所未见的。"聚蚊成雷"真有其事!来客偶不留心,则两腿伤处累累隆起如玉蜀黍,但是我仍安之。冬天一到,蚊子自然绝迹。

　　"雅舍"最宜月夜——地势较高,得月较先。看山头吐月,红盘乍涌,一霎间,清光上射,天空皎洁,四野无声,微闻犬吠,坐客无不悄然!舍前有两株梨树,等到月升中天,清光从树间筛洒而下,地上阴影斑斓,此时尤为幽绝。

　　细雨蒙蒙之际,"雅舍"亦复有趣。推窗展望,若云若雾,一片弥漫。但若大雨滂沱,我就又惶悚不安了,屋顶湿印处处都有,起初如碗大,俄而扩大如盆,继则滴水乃不绝,终乃屋顶灰泥突然崩裂,如奇葩初绽,砉然一声而泥水下注,此刻满室狼藉,抢救无及。此种经验,已数见不鲜。

> 阅读完上面的文章,如果能顺利完成两项任务,便可获得通行证。

任务一:根据文章中的相关内容,简要说明"雅舍"的"典型"体现在哪里?你需要在第几自然段寻找并阅读?

任务二:阅读文章,完成下面的表格。

住在"雅舍"有哪些烦恼,又有哪些乐趣?

烦恼	乐趣
不能蔽风雨,雨大时滴水不绝,屋顶灰泥崩裂,满室狼藉。	④
①	
②	细雨蒙蒙之际,"雅舍"亦复有趣。
③	

按照秘籍的第一个步骤,要浏览全文,文章主要写了作者到四川后居住的"雅舍"。

每段内容可以这样概括：

第一段：总体写当地人建房最是经济。
第二段：写"雅舍"的建造方式。
第三段：写"雅舍"虽不能蔽风雨，但有其可爱之处。
第四段：写"雅舍"的位置和周围的景色。
第五段：写"雅舍"隔音很差，老鼠蚊子很多。
第六段：写"雅舍"最宜月夜。
第七段：写细雨蒙蒙之际，"雅舍"也很有趣。

根据任务一中的要求，先要在文章中找到"典型"一词。于是锁定第二自然段。接着，细读这段，最后提取出关键词：

砖砌的柱子，上盖木头架；
顶上铺瓦，四面是竹篦墙，墙上敷泥灰。

再按照步骤完成任务二：根据题目要求，瞄定文章第三段至第五段，这三段写"雅舍"带来的烦恼。

通过细读,概括其烦恼之处,一共有四个:

1. 不能蔽风雨,雨大时滴水不绝,屋顶灰泥崩裂,满室狼藉。
2. 不能隔音,噪声很大。
3. 老鼠进进出出,打扰人。
4. 蚊子骚扰人。

乐趣集中在文章第六段和第七段,有两处:

1. 此处是观月的绝佳位置。
2. 细雨蒙蒙之际,"雅舍"亦复有趣。

小朋友们把这两项任务回传给无知大叔,很快就得到他的回复:请进入金街第二关!

要点提炼

借你一双慧眼，根据要求找相关信息 → 从文章中提取有效信息的步骤
- 第一步：浏览全文
- 第二步：概括段意
- 第三步：瞄定目标
- 第四步：专注阅读
- 第五步：提取关键词

再次加工信息，你也是深度"加工厂"

早上五点，金街静悄悄的，似乎还在做着香甜的美梦，但"获取信息官"无知大叔已经开始了一天的忙碌。

只见他把一条条细细的丝线从悬挂的架子上取下来，只要丝线微微战栗，他的耳朵便能灵敏地捕捉到什么。接着，他又会把一些丝线扔掉或者切断，有时是把几条切断的丝线按一定顺序系在一起，形成新的丝线，悬挂在院后大大的仓库中。

小朋友们看得目瞪口呆，昨天只是匆匆见了无知大叔一面，心中的疑惑并未消解。他们非常想与这位长相怪异但身怀绝技的智者有更深入的交谈，所以特意起了个大早，前来拜访。

无知大叔停下手中的工作，接待了几个小朋友。乐嘻嘻赶紧问他："为什么这些丝线有的被扔掉，有的被剪断呢？"

无知大叔说道："每一条被传达到这里的信息，都会变成一条丝线。所以，信息仓库里藏着不计其数的丝线，一多就会打结缠绕，不利于保存。有些丝线很细，信息含量很低，没有保存意义。有的丝线附着的某个信息很重要，需要与别的信息相关联。因此，'获取信息官'的另外一个重要任务就是加工信息。加工好的信息会被保存起来，以备后期查阅。"

无知大叔巨大的眼珠转动一圈,问小朋友们:"你们有没有过读完一篇文章,或者是听老师讲过一遍,依然读不懂、听不明白的情况?"

乐哈哈赶紧点头,怎么能没有呢?这简直就是在说他呀!

无知大叔便从有效阅读的四个步骤开始分析。

1 　**第一步**:阅读一篇文章时,阅读者会启动眼睛、嘴巴、耳朵、大脑以及注意力。如果注意力没有集中到文章中,那么即使读再多,文字也不会留在脑海中。这一步,是注意力在发挥作用。

第二步：书本中的文字进入大脑中，会被短暂地存放在大脑的工作记忆区。这个区域可以储存7±2条信息，而且保存时间特别短，仅有20秒左右。这一步，是大脑的工作记忆区起主要作用。

第三步：大脑工作记忆区内的信息，要与大脑长期记忆区的知识产生关联，才能被加工成新的信息，从大脑的临时仓库转移到长期仓库。这一步，信息加工非常重要。

第四步：被储藏在长期仓库里的新知识，要经过多次的复述、复习，才能最终变为大脑长期记忆区的知识。

在这四步中，读懂并听明白的关键，是把大脑工作记忆区短暂储存的知识转移到大脑长期记忆区内变为长期知识，这样的深度理解依赖的是背景知识与信息加工能力。

因此，对于深度阅读而言，加工信息是非常重要的环节。

那到底什么是加工信息呢？

加工信息

加工信息指的是对原始数据和信息进行一系列处理的活动，目的是产生有用的信息，以满足特定用户的需求。这一过程涉及信息的接收、存储、操作运算和传送，以及对信息加工系统的符号结构进行操作和处理。

在阅读理解中，加工信息的方法主要有三种。

摘录　组合　转化

1. 摘录，即从原文中直接截取关键词。

2. 组合，将分散在材料各处的关键信息根据要求组合起来，变为新的知识。

3. 转化，这一点最难，需要把从阅读中提取出来的观点，辅以自己的看法、感悟，进行输出。

那具体怎么做呢?

无知大叔带着小朋友们走进信息仓库。这是一个巨大的仓库,里面布满一排一排鳞次栉比的钩子,钩子上分门别类地挂着各种各样的丝线。

无知大叔从中取出三条丝线,读给小朋友们听。

材料一

2022年,联合国世界粮食计划署发出警告,人类或将面临"二战后最大的粮食危机"。

2021年,中国每年粮食浪费量约3500万吨。

2018年,中国餐饮业人均食物浪费量达每人每餐93克,浪费率为11.7%,大型聚会达到38%,中小学校园盒饭浪费达到食物供应量的1/3。

材料二

勤俭节约、珍惜粮食,是中华民族的传统美德,虽然当今社会物质丰富,国家和民众更加富有,但这种美德仍然要持续发扬光大,甚至可以说,国家和民众越富有,越要强调反食品浪费的重要性。

《中华人民共和国反食品浪费法》已于2021年4月29日通过并施行,这意味着节约粮食不再是呼吁和号召,浪费也不再只是停留在道德谴责层面的不良现象,而是一个具有强制性、可依法予以惩处的法律问题。

材料三

《中华人民共和国反食品浪费法》内容节选:

(1)学校应当建立防止食品浪费的监督检查机制,制定、实施相应的奖惩措施。

(2)任何单位和个人发现食品生产经营者等有食品浪费行为的,有权向有关部门和机关举报,接到举报的部门和机关应当及时依法处理。

(3)餐饮服务经营者诱导、误导消费者超量点餐造成明显浪费且拒不改正的,处一千元以上一万元以下罚款。

(4)制作、发布、传播宣扬量大多吃、暴饮暴食等浪费食品的节目或者音视频信息,拒不改正或者情节严重的,处一万元以上十万元以下罚款。

听完三则材料,小朋友们分别进行了关键信息的提取。

乐哈哈说:"材料一是说人类还面临着很大的粮食危机,但我国粮食浪费情况却非常严重。"

小布头接住话头:"材料二从传统美德与法律规定两个方面,告诉人们节约粮食的必要性。"

"材料三列举了《中华人民共和国反食品浪费法》中的条例：生活中，如果出现引导消费者超量点餐的行为，或传播多吃、暴饮暴食的视频，都会受到处罚。"乐嘻嘻说道。

有位爸爸经常教育儿子晓阳不要爱慕虚荣，不要和人攀比，要勤俭节约。可是有一天，他带晓阳去餐馆陪客人吃饭，饭后却不打算将剩菜打包带走。晓阳发问，爸爸却说这多没面子！如果你是晓阳，此时，你会怎样委婉地说服爸爸？

"现在，请各位小朋友，提取并加工以上几则材料，形成自己的说法。"无知大叔又加了一则材料，给小朋友们提出新的问题。

"首先，还是要从材料中筛选与题干相关的信息，并进行深度加工。要说服一个人珍惜粮食，显然与材料一的关系不大。对方会认为人类的粮食危机，与自己没有什么关系。"乐嘻嘻说道。

"是的。现在谁还关心世界的问题呢？只愿意关心自己的事情吧！所以，要从传统美德和法律规定两个方面去说服他。同时，还要找到他拒绝打包的原因——在客人面前没面子。因此，说服他时一定要从这一点入手。"乐哈哈补充。

小布头的劝说条理清晰："我要这样来劝他。"

爸爸，虽然我们现在条件好了，但勤俭节约、珍惜粮食是中华民族的传统美德，这个美德可千万不能丢啊。

而且，浪费粮食的行为现在是可以依法予以惩处的，我们剩下这么多饭菜，可别违反法律呢！

再说，您说的丢面子，我觉得根本不存在。如果客人知道您是一位爱惜粮食的人，说不定会更加尊重您呢！所以，我们还是把饭菜打包了吧！

随着信息越来越多，在阅读时，必须不断训练自己深加工信息的能力。

而且，还要关注各种不同类型的文本，学会如何对不同类型的文本进行信息加工，要特别注意图表分析、内容要点概括、不同材料的对比分析。

这样，新信息才能与背景知识产生关联，阅读也会更加深入。

02 讨教"获取信息官"

要点提炼

再次加工信息，你也是深度"加工厂"

- 有效阅读的四个步骤
  - 第一步：阅读者启动眼睛、嘴巴、耳朵、大脑以及注意力开始阅读
  - 第二步：文字进入大脑中，会被短暂地存放在大脑的工作记忆区
  - 第三步：大脑工作记忆区的临时信息与大脑长期记忆区的知识产生关联，生成新的信息
  - 第四步：新知识反复运用，变成长期记忆

- 加工信息
  - 对原始数据和信息进行一系列处理的活动，目的是产生有用的信息，以满足特定用户的需求

- 加工信息的三种方法
  1. 摘录，即从原文中直接截取关键词
  2. 组合，将关键信息组合起来，变为新的知识
  3. 转化，把观点辅以自己的看法、感悟，进行输出

过渡句中心句，往往藏在这几个地方

金街有一座仙鹊桥，桥面由坚固的花岗石砌成，光洁平坦。细致的雕刻装饰点缀其间，花朵、藤蔓与动物的浮雕交织在一起，华丽而典雅。

溪水如涓涓细语，轻柔地穿过桥洞。河水中游弋着几条小鱼，在水中飞快穿梭。它们身姿轻盈，鳞片闪烁着七彩的光芒，像是水中的精灵。时不时地，它们跃出水面，在空中划出一道美丽的弧线，然后又欢快地回到水中。

小朋友们看得兴致勃勃，无知大叔乐呵呵地看着他们，享受着当下屏蔽掉信息的清静世界。

之后，小朋友们便过了仙鹊桥，蹦蹦跳跳地向前走去。

突然，无知大叔叫住小朋友们，说道："俗话说，过河架桥，上山铺路。有河就有桥，桥把河两岸的人们联结起来。那文章的段与段之间，需不需要这样的一座桥呢？"

"也需要吧！要不读起来就不连贯了！"乐哈哈回答。

过渡

所谓过渡,是指文章内容的前后衔接,由前一种意思自然地引出后一种意思,使人感到中间没有间断或跳跃。

过渡有哪些形式呢?下面我给大家列举五种常见的形式。

1. 过渡的第一种形式:词语。

关联词或总结性词语	但是,不过,相反地,如此说来,所以,上述表明,由此可知,综上所述,正因为如此……
方位词	以上,以下,此外……
序数词	首先,其次,再次,第一,第二……

这些词语一般会在下个层次或段落的开头出现。

2. 过渡的第二种形式：句子。

过渡句一般在中间段落的末尾或下段的首行，起着承上启下的作用。阅读时，要注意观察段落中重点位置的句子，看它们是否起衔接上下文的作用，如果有这个作用，就是过渡句。

3. 过渡的第三种形式：段落。

过渡段用于内容转换跳跃较大的段落之间，往往独立成段。

4. 过渡的第四种形式：小标题。

设置小标题，是写作中常见的技巧，它有利于文章的构思和行文。小标题是对文章内容的总结概括，可以使读者一目了然。特别是一些内容相对复杂、表达比较含蓄的文章，尤其需要运用好小标题。

5. 过渡的第五种形式：特指在写景文章中，一些表示地点转换的句子。

无知大叔从耳边抽出一条丝线，抖开是一篇名为《颐和园》的文章。乐嘻嘻很快就找到几个位于段首的过渡句：

- 进了颐和园的大门，绕过大殿，就来到有名的长廊。
- 走完长廊，就来到了万寿山脚下。
- 登上万寿山，站在佛香阁的前面向下望，颐和园的景色大半收在眼底。
- 从万寿山下来，就是昆明湖。

过渡句的作用是承上启下,是连接句、段、层次的桥梁。巧妙的过渡,能使文章思路清晰,转换自然,便于读者厘清脉络,深入理解。

但在解答阅读理解题时,要根据要求来写答案。

如果题中的赋分比较少,或者只是填空题,只答"承上启下"即可;但如果以问题的形式出现,赋分较高,我们就要写具体一点啦!

答题格式如下:

本文的过渡句(段)是＿＿＿＿＿,既写了＿＿＿＿＿,又写了＿＿＿＿＿,在文中起的作用是＿＿＿＿＿(承上启下或照应开头或总结全文)。

我明白了!阅读理解中关于过渡句的回答,既要答出过渡句是什么,又要概括上下文的内容,再答出过渡句的作用。

中心句

文章中除了过渡句,还有一种句子叫中心句。中心句是最能体现文章中心思想、概括文章主要内容的句子。

很多时候,作者是把中心句写在文章的段落之间,阅读时把它找出来,能够快速读懂文章意思。

寻找中心句,要重点关注以下位置:

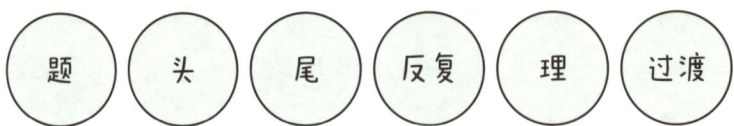

题　头　尾　反复　理　过渡

1. 找文章中心句的第一种方法:在标题中寻找,也就是锦囊中的第一个字——题。

无知大叔解释道:"我们来看这两个标题——《给永远比拿愉快》《手术台就是阵地》,它们直接揭示文章的中心,就是文章的中心句。说到这里,你们知道什么是文章的中心了吧?"

"文章的中心?水街婆婆告诉过我们,就是作者想要表达的思想感情,或者想要告诉人们的道理启示,或者想要塑造的人物形象,或者作者的理想追求。您不问,我都要忘记了。"乐哈哈不好意思地挠头。

2. 找文章中心句的第二种方法:在开头寻找。

"请大家回忆老舍先生写过的一篇文章《猫》,这段话的第一句是什么呢?有人记得吗?"

"猫的性格有些古怪?"乐嘻嘻不太肯定。

"对,这篇文章围绕'古怪'展开。所以说首段概括了全文内容,总领下文,是本文的中心句。"

3. 找文章中心句的第三种方法:在结尾中寻找。

这种方法其实和第二种很相似，只是位置发生了变化。如果总结全文的句子出现在结尾，那它也是文章的中心句。

比如这两句话：

> 小兴安岭一年四季景色诱人，是一座美丽的大花园，也是一座巨大的宝库。
> ——《美丽的小兴安岭》
>
> 海底真是个景色奇异，物产丰富的世界。
> ——《海底世界》

4. 找文章中心句的第四种方法：寻找反复在文章中出现过几次的句子。

"如果一句话被作者在一篇文章中反复写了几次，那它肯定非常重要！"小布头也插话了。

"对，比如'我是中国人，我爱中国'这句话在《难忘的一课》中出现了三次，显然就是中心句。反复出现是为了突出某种意思，给读者留下深刻的印象。"

5. 找文章中心句的第五种方法：寻找那些揭示道理的句子。

如《幸福是什么》这篇文章，作者最后写到"幸福要靠劳动，要靠很好地尽自己的义务，做出对人民有益的事情。"这句话告诉人们本文想说明的道理，它就是本文的中心句。

6. 找文章中心句的第六种方法：寻找单独成段的过渡句。

"以上就是找中心句的方法，这也是提取文章重要信息的主要方式。"

值得注意的是，文章的中心句与每段的中心句是有区别的。一篇文章通常由若干个自然段组成，一个自然段又由若干句话组成。

阅读时，先在自然段中寻找中心句，对读懂全文有很大帮助。

"小朋友们,今天的学习到此结束,我得回去接收信息啦!"说完,无知大叔就离开了。

小朋友们正准备继续看鱼,只见无知大叔又退回原地,交给他们一根丝线,抖一抖,又是一篇文章。

找找文章中的中心句吧!

不带这么玩的! 还留作业?

还想要通关吗?

无知大叔第一次嬉笑着和小朋友们说话。

"好吧!我们只能被'威胁'啦!"几个小朋友凑在一起开始读文章。

我爱家乡的秋夜

家乡的秋夜素雅、幽静。我对家乡的秋夜有一种眷恋之情。它如同刻在记忆里一般,怎样也抹不去。

家乡的秋夜像一幅美丽的水墨画。柔和的月光下,一望无际的田野是碧绿的翡翠。水稻的叶子挑起一粒粒的秋露,远远望去，好像珍珠撒在翡翠上，绿得逗你的眼，亮得闪你的目。月光慢慢地从浓密的竹林里一丝一缕地透下来，洒在细密的竹叶上，洒在亭亭玉立的竹茎上，洒在"浓黑"的小草上。叶的碎影、枝的碎影、茎的碎影，重叠错落，把竹的绿映照得深浅明暗，美丽极了。柿子园里的景色更是迷人。走进柿子园，枝繁叶茂的柿子树上，挂满了沉甸甸的柿子。黄澄澄的柿子，晶莹透亮，令人垂涎欲滴。

家乡的秋夜像一首美妙的交响曲。瑶寨的小伙子、大姑娘能歌善舞，每当夜幕降临，他们就会载歌载舞，用山歌来表达对生活的赞美，用舞蹈道出丰收的喜悦。田野里的小艺术家们也不甘示弱：蝈蝈们欢快地哼着小夜曲；蛤蟆用粗大的喉咙拉起大提琴；青蛙似男高音般唱着那粗犷嘹亮的歌儿；蟋蟀们更是尽情地伴奏，奏出了一首首美妙无比的交响曲。这声音在空旷的山野间回荡，如春蚕的咀嚼声，似清风拂过杨柳，又似草原上的野马在奔驰……

夜深了，人们睡了，大山睡了，湖也睡了，只有风儿还在神采奕奕地守护着。风儿把湖面吹醒，在月光的朗照下，湖面闪动着片片银光。柳条儿也不甘示弱地飞舞着，好似爱美的姑娘在梳理自己的秀发。在这深夜里，偶尔传来几声汽车喇叭声，那是家乡的经济命脉在流动。

万籁俱寂中，突然一声鸡鸣响彻夜空，划破了黑夜的幕布，呵，黎明即将到来——美好的一天又要开始了。

我认为,这篇文章有中心句,就是第一段——既写了家乡秋夜的特点,又表达了作者的感情。是全文当之无愧的老大啊!

当然,各个段落也有中心句。第二段、第三段、第四段的中心句,就是开头第一句。

从结构上来说,这篇文章属于总分结构。先总写家乡秋夜的素雅、幽静,再分写秋夜像水墨画,像交响曲,夜深家乡的一切进入睡眠。

他们知道,无知大叔一定会接收到他们的信息的。

要点提炼

过渡句中心句，往往藏在这几个地方

- **过渡**
  - **什么是文章的过渡**：文章内容的前后衔接，由前一种意思自然地引出后一种意思，使人感到中间没有间断或跳跃
  - **过渡的常见形式**：
    1. 词语。一般由关联词或总结性词语充当
    2. 句子。在中间段落的末尾或下段的首行，起承上启下的作用
    3. 段落。过渡段用于内容转换跳跃较大的段落之间，往往独立成段
    4. 小标题。对文章内容的总结概括
    5. 写景文章中，一些表示地点转换的句子
  - **过渡句（段）作用的答题格式**：本文的过渡句（段）是_____，既写了_____，又写了_____，在文中起的作用是_____（承上启下或照应开头或总结全文）

- **中心句**
  - **什么是中心句**：中心句是最能体现文章中心思想、概括文章主要内容的句子
  - **在哪里找中心句**：
    - 题 —— 在标题中寻找
    - 头 —— 在开头寻找
    - 尾 —— 在结尾寻找
    - 反复 —— 反复出现过几次的句子
    - 理 —— 揭示道理的句子
    - 过渡 —— 单独成段的过渡句

根据文章填空，遇到时你要擦亮眼睛

晚上,乐嘻嘻与乐哈哈在房间里你一言我一语地展开讨论。起因是乐哈哈在翻看一本阅读理解书时,发现很多阅读题中出现了填空或填表题。这些题有的是要梳理文章情节,如《带白蘑菇回家》一文后就有这样的题:

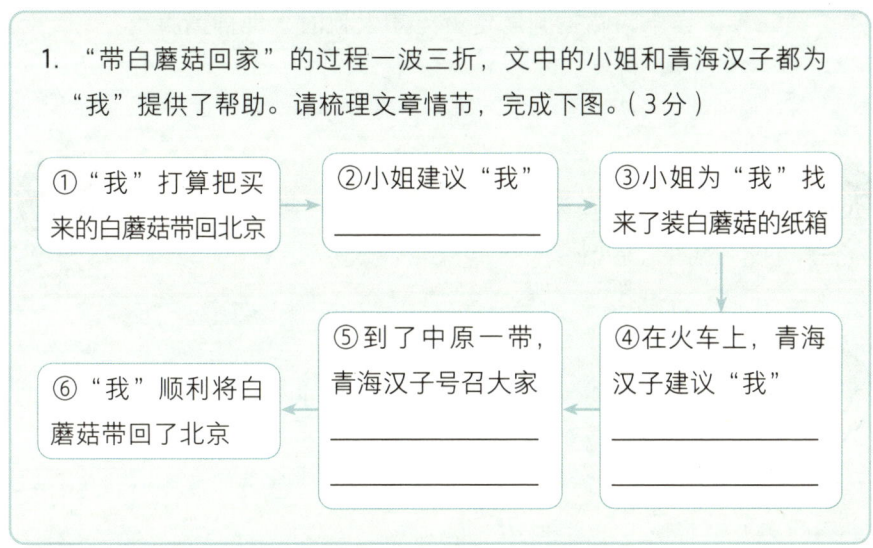

有的是要梳理人物的情感,如《一个这样的老师》一文后有这样的题:

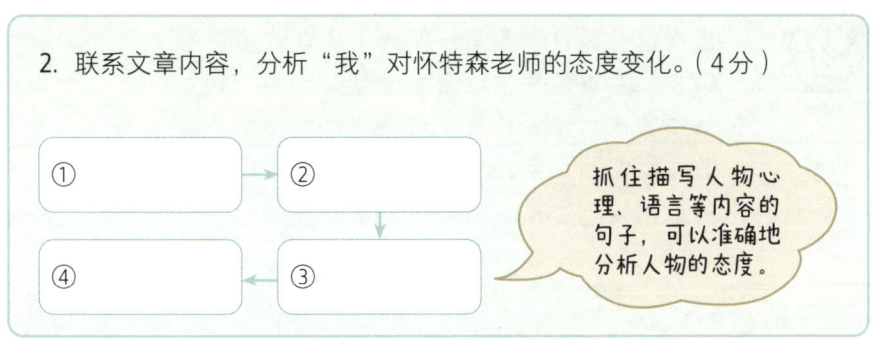

有的时候这两者还会同时出现。

"以前没见过这类题呀!"乐哈哈叫道。

"想考我们什么呢?"乐嘻嘻也思忖着,"明天我们得问问无知大叔。"

第二天,当乐哈哈把问题告诉无知大叔时,他神情凝重。

 其实啊,这是以前阅读理解中一些问题的变身……

 此话怎讲?

 以前读一篇文章时,经常会有要求分段或概括文章段意的题,你们遇到过吧?

对对对,我们经常遇到这种题!

 现在这些题目少多了,变成了填表或填空的形式,要求学生通读全文,整体感知,从文章中筛选出相关信息,精准概括。特别是读散文类作品,要把文章中的事和隐藏在事中的感情梳理出来,达到对文意的掌握……

098 嘻嘻哈哈学语文:勇闯文章城

乐嘻嘻听着无知大叔的话,敏锐地说:"听您这么一说,我觉得要做好阅读中的填空题,得掌握两个步骤。"

第一步:划分文章段落。

第二步:精准概括文章段落内容。

"你的分解很棒,这样就可以把一个新知识点转化成熟悉的知识点了。"无知大叔为乐嘻嘻点赞。

分段的总体原则是:将意思相关联的段落合在一起,视为一个大段。

那如何来划分文章段落呢?

划分文章段落常见的五种方法:

1 按事情的发展顺序划分

2 按时间顺序划分

3 按空间顺序划分

4 按逻辑关系划分

5 按内容的不同性质划分

1. 按事情的发展顺序划分段落，其实是要厘清事情的起因、经过、结果。

一般情况下，起因和结果比较简单，**重点是在经过部分**。

2. 按时间顺序划分，有三种情况。

- 一天之内的事情，一般按"**早晨、中午、晚上**"的顺序安排结构。
- 一年之内的事情，一般按"**春、夏、秋、冬**"的顺序安排结构。
- 涉及景物变化的，一般按"**发生前、发生中、发生后**"的顺序安排结构。

有的文章经常会出现这样的句子：

这些句子都间接地表示时间,都要按时间顺序来分段。

在划分段落时,注意要抓住文中的一些关键词:

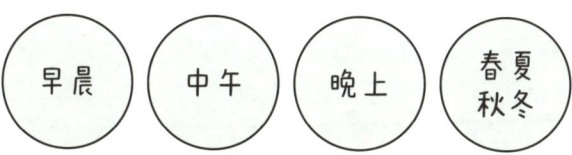

或者是能够表明时间变化的词语。

3. 空间顺序是指依据观察角度的变化和空间位置的转换,来安排行文顺序的一种写作技巧。

游记、写景状物类的文章和段落,都可以依据空间的变化分层。分段时,表示空间的词语可作为划分段落的参考。

4. 逻辑关系,常见的就是总分结构。

总分结构可分为:总分、分总和总分总。这也是很多文章采用的结构方式。

5. 按内容的不同性质划分。

即当一些文章是从几个方面来说明事物的性质、特点时,可以根据描写内容的不同来划分结构,将同一内容划分在一起。

将文章段落划分好后,就要概括各段落的段意。概括段意常用的方法有三种。

摘句法	即直接从文段中摘取中心句,作为这一大段的段意。概括总分结构的文章段意时,可直接摘取总起句或总结句,作为开头段和结尾段的段意。
串联法	即串联起各段的主要内容。对于内容之间没有主次之分的并列段落,这种方法尤为适合。比如,这几段写了猫的外貌、生活习性、玩耍方式。
问答法	叙述性文体,可用问答法。即谁,干了什么,结果怎么样。回答这三个问题,把答案连缀起来即可。

在做此类型的填空题时，先要看表格中有几项，再根据题干中给出的项数划分文章内容。填空或填表时，题干中往往会给出一两项内容的概括，参考已给出的内容要素非常重要。

如题干中有一项是"我打算把买来的白蘑菇带回北京"，其中包含的要素是"谁+做什么"。概括其他内容时，也要采用"人+事"的方式。

看着一愣一愣的小朋友们，无知大叔问道："关键时刻，要不要举个例子？"

"要！"几个小朋友异口同声。

"这篇文章比较长，小朋友们可要耐心读一读。"无知大叔叮嘱。

谁会错过那番花信风

①我躺着，听窗外呼呼的风声。我知道，这番风一来，杏花便要开了。而我，却像枯藤般缠绵在病床上。

②门被轻轻推开，我的主治医生进来了。他与别的医生没什么两样，也只会对我说："别着急，你要对自己有信心。"可是，每转院一次，我的希望都会熄灭一块。此时，我的心

几乎"黑屏"。医生翻看我这一周的各种化验单。我清楚地知道，我的情况并没有任何好转。点滴瓶渐渐空掉，小护士在为我拔针头时，忽然问了一句："您知道什么是花信风吗？小侄女今早问我，您是老师，也许会知道。"

③这话刺痛了我的心。沉默了一会儿，我静静地回答："花与风之间有着自己的约定，每年从一月到五月，共有二十四番风。一番风来，一种花开。一番吹开梅花，二番吹开山茶，三番吹开水仙……直到天暖，直到所有的花都开好。风有信，花不误，岁岁如此，永不相负，这样的风叫花信风。现在吹的是第十一番，叫杏花风……"我的喉头哽住了。去年此时，也是这样的风啊！我领着一群孩子，小鸟般飞出校园。风舞动着头发，杏花开成了海。孩子们簇拥着我，用花开般柔软的童音唱着："一番梅花，二番山茶，三番水仙，四番瑞香……"小护士呆住了，她孩子般喃喃着："多美的约定，多美的风，简直像是童话……"连我的主治医生，也放下那叠化验单，侧耳谛听着窗外的风声。我的泪，再也无法控制，大滴大滴地流出来。

④那天，主治医生温和地问我，愿不愿意为他的学生们上节课，我无语。我不想被人推到讲台上，在众目睽睽之下，在那些充满青春气息的年轻人之间，展示我萎缩的四肢和晦暗的病容。他微微一笑："上课的事不急，外面风很暖，

我推你出去走走。"

⑤轮椅缓缓前行,外面的一切熟悉又陌生。草绿得逼人的眼,杏花如雪。正值课间休息,一群学生走过来向老师问好。我看他们自如地行走,轻松地挥手,心中无限羡慕。几片花瓣被小鸟踏落,恰恰飘到我脸上。有个女生微微一笑,俯下身,一片一片,为我拂去脸上的花瓣。纤细而灵活的手指,挨着我的脸,有种善意的暖。我心动了,就算是当教具,在这样的花开时节,为这样的学生,也是值得的。我决定配合他们上一节课。

⑥第二天早晨,天气晴好,主治医生推着我出了病房。想到马上就要以这般狼狈的模样,面对几十双好奇的眼睛,心仿佛裂开了千万条缝,凉风没完没了地灌进来。可是,他竟把我推到那片花树下。学生们早已排队等候,向我鞠躬问好。我还看到一位气质温婉的老太太,主治医生介绍说她是他的老师,我不禁愕然。主治医生蹲下身子,调整着轮椅的靠背。一个男生替我将枕头垫好,有个短发女生细心地用毛巾被盖住我的腿。我越发惊诧:把教具盖得这样严实,怎样给大家展示病变的特征呢?主治医生含笑对我说:"那天,我向同学们提起了花信风,大家都很感兴趣。现在,请你给我们讲讲吧。"我怔住了。一瞬间,所有的不安与悲凉,都潮水般退却,我的心中一片温润。从花叶间望去,天空蓝得像

童话,阳光穿过繁花,在每个人身上投下斑驳的光影。

⑦我为他们讲花信风的由来,讲与花信风有关的诗词:"梅花风小,杏花风小,海棠风蓦地寒峭""清明烟火尚阑珊,花信风来第几番"。学生们轻轻地鼓掌,老人眼里有默默的赞叹,主治医生则微笑着,向我竖起了大拇指。我情不自禁地,讲起我的那些孩子们:他们有的安静,有的活泼,每个人都是我心头的一朵花。朵朵都叫人爱不够,朵朵都叫人想念。

⑧那位老人笑了:"姑娘,你是个懂得爱的好老师。"她慈祥的目光,仿佛能看到我的心里去:"姑娘,我三十岁时也患过格林巴利综合征,跟你现在的情况一模一样。"我张大了眼睛,呆呆地看着她。"可是,你看现在的我,不但照常上课,还能登山,拉琴,跳舞,你一定要对自己有信心。"老人握住我无力的手,主治医生站在她的背后,默默微笑。我的心猛地一震,仿佛有风忽然掠过,惊醒了心底那些沉睡的渴望。

⑨又是一个春天,我终于痊愈,终于站在了讲台上。我给新一级的孩子们讲花信风:它懂得所有植物的梦想,它坚守着与每朵花之间的约定,它带着二十四番耐心,二十四番热诚,一遍遍叫醒沉睡的花朵。

⑩就算病过,枯萎过,可谁会错过,那一番又一番美丽的花信风呢?

请根据文章内容,填写下表。

情节	"我"的心情
主治医生劝"我"要对自己有信心	①
小护士问"我"什么是花信风	②
③	感动
④	震惊

题中列了四个情节,也就是说我可以把全文分成四个部分,对吗?

题中第一个情节是第一二自然段的概括。因此,我要在第一段和第二段中提取表示心情的词语。从"像枯藤般缠绵在病床上""我的心几乎黑屏"中可以看出,"我"此刻的心情很绝望。

第二个情节与小护士、花信风有关,应该是文章的第三自然段。文中也有直接表达作者心情的句子,如从"这话刺痛了我的心""我的泪,再也无法控制,大滴大滴地流出来"这两句中可以看出,"我"很悲伤。

剩下的内容按照题表中的情节数量划分成两大部分。读完全文后,我认为第三个情节应该是主治医生邀请"我"为学生们上课,主人公一开始其实是不愿意的,但她知道要给学生们讲花信风时,"我怔住了。一瞬间,所有的不安与悲凉,都潮水般退却,我的心中一片温润。"从这句话可以读出,"我"很惊讶,也很感动,而且感动大于惊讶。

第四个情节是老人为"我"讲述她的经历,"我"从老人的经历中得到启发,振作起来。

无知大叔频频点头,看来小朋友们的筛选概括能力还是很不错的。

有的题通过筛选可以直接从文章中寻找到答案,而有的题,则需要根据题干从文章中找到多个信息,并且把多个信息整合成新的信息。而后者,难度就大幅提升了。

"小朋友们,你们可要多读多练,继续努力哦!"

要点提炼

根据文章填空，遇到时你要擦亮眼睛

- 划分文章段落的五种方法
  - 按事情的发展顺序划分
  - 按时间顺序划分
  - 按空间顺序划分
  - 按逻辑关系划分
  - 按内容的不同性质划分

- 概括段意的三种方法
  - 摘句法。即直接从文段中摘取中心句，作为这一大段的段意
  - 串联法。即串联起各段的主要内容
  - 问答法。即谁，干了什么，结果怎么样

- 如何做阅读中情节概括的填空题
  - 先要看表格中有几项
  - 再根据题干中给出的项数划分文章内容
  - 参考已给出的内容要素进行文章概括

推测不是瞎想，抓住小细节全面把握

"一直学习有些累,我来讲个故事吧!"无知大叔笑呵呵地说。

"好啊好啊!"小朋友们高兴地拍起手来。

无知大叔开始讲了:"这个故事呢,很简单。你们需要一边听一边猜——"

五只猴子被关在笼子里,笼子上头有一串香蕉。饲养员装了一个自动装置,一旦侦测到有猴子去拿香蕉,马上就会有水喷向笼子,这五只猴子立刻一身湿。

第一只猴子去拿香蕉,结果每只猴子都被淋湿了。之后猴子们尝试过几次,莫不如此,于是猴子们达成一个共识:不要去拿香蕉,以免被水喷到。

后来饲养员把其中的一只猴子放掉,换成另一只新猴子A。猴子A看到香蕉马上想要去拿,结果被其他猴子暴打一顿。因为其他猴子认为猴子A会害它们被水淋到,所以制止它去拿香蕉。

后来饲养员又放掉一只旧猴子,换上另外一只新猴子B。猴子B看到香蕉,也是迫不及待地想要去拿。

"故事讲到这里,你们来猜一猜:这只新进入笼子的猴子B会遭遇什么样的情况呢?"无知大叔停下来问。

他一定会去拿香蕉!而且他一定会被打!

依我猜啊,猴子A会打得特别用力,因为它是被其他几只猴子一起打的,可能有报复心理。现在终于有了出气的机会,要好好抓住。

小朋友们被小布头的发言逗得哈哈大笑。

无知叔叔点点头,很认同小布头的说法。他继续讲道:"饲养员又换了一只新猴子C,我们来猜一猜:猴子C会遇到什么情况?"

"继续拿香蕉,继续被打!而且猴子B也会打得很起劲!"乐哈哈这次激动得都跳起来了,其他小朋友也纷纷赞同他的话。

刚才,我们根据故事的起因、经过来猜测故事的结果。而且,大家猜的结果都差不多,这是为什么呢?

这还用说吗?就是根据前面的故事情节推测出来的呀!

其实,不只是听故事,我们平时读小说、看电视连续剧、日常听人说话,都会不自觉地使用"推测"这种方法。

推 测

所谓"推测",就是根据原材料提供的明显信息和暗示信息,进行符合原材料事理、情理的推测,从而对文中未出现的信息(如事物发展趋势、结果等)进行推测和断定。可以这么说:只要有阅读就会有推测,完全没有推测的阅读是不存在的。

说到推测,就离不开想象。阅读文章时的想象,就是依据原文提供的信息,进行合理的事理、情理的发散或延伸,得出符合原材料事实或情感的结果,经过新的组合而创造出新的具体形象。

小学生在阅读一篇文章时,常见的推测类型有以下四点:

1. 推测事情的结果。
2. 推测相关的故事情节。
3. 揣测人物当下的心理活动。
4. 推测作者对相关问题的看法。

阅读国爷爷教我们如何读懂一本书时,也讲过推测的阅读策略。

比如在阅读前根据封面、目录进行推测,阅读中根据章节或段落推测作者接下来要写的内容。

边读边猜,用阅读验证推测,又用推测推动阅读,这样阅读中就会充满愉悦的探究。

那这两种推测一样吗?对于这种类型的问题,我们又该如何解答呢?

这两种方法是相通的。接下来,我来分享三种推测的小方法。

第一,要全面理解文章内容。

现在很多人读文章，很容易断章取义，即根据自己在匆忙中获得的不完整信息，就判断作者的思想，迫切形成看法，这样是不对的。

推测不是简单的信息筛选，文中一般也没有现成的表述。因此，读者应该在整体阅读的基础上，筛选出相关的重要信息，去把握全文的思想倾向、观点态度。

"我们来读下面这段文字。"无知大叔的丝线中展现出一篇文章。

锁匠的徒弟

老锁匠一生修锁无数，技艺高超，收费合理，深受人们的敬重。

老锁匠老了，为了不让他的技艺失传，他挑中了两个年轻人，准备将一身技艺传给他们。

一段时间以后，两个年轻人都学会了不少本领，但两个人中只有一个能得到真传，老锁匠决定对他们进行一次考试。

老锁匠准备了两个保险柜，让两个徒弟去打开，谁花的时间短谁就是胜利者，结果大徒弟只用了不到10分钟就打开了保险柜，而二徒弟却用了半个小时……

如果文章只到这里，我猜是大徒弟会得到真传。毕竟他开锁时间短嘛！不过，事情会不会有反转呢？文章还没有结束吧？

无知大叔狡黠地一笑，给出文章的后半部分。

老锁匠问大徒弟："保险柜里有什么？"大徒弟眼中放光："师傅，里面有很多钱，全是百元大钞。"问二徒弟同样的问题，二徒弟支吾了半天说："师傅，我没看见里面有什么，您只让我打开锁，我就打开了锁。"

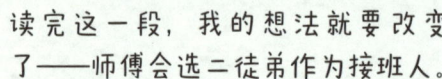读完这一段，我的想法就要改变了——师傅会选二徒弟作为接班人。

"是什么让你这么快地放弃了大徒弟？"无知大叔笑着问。

"您看啊，大徒弟看到柜中的钱后'眼中放光'，说明这个人很贪财。如果他掌握了高超的开锁技术，那他会不会把人们的柜子偷个遍呢？这样的人，是社会的危险分子啊！老师傅怎么会选他呢？"乐哈哈一副义正词严的样子。

"乐哈哈的推测非常正确，老师傅也的确是这样说的。"

他认为：不管干什么行业都要讲一个"信"字，尤其是开锁这一行，要有更高的职业道德。他的徒弟必须做到心中只有锁而无其他，对钱财视而不见。否则，心有私念，稍有贪念，登门入室或打开保险柜取钱，最终只能害人害己。于是，他选了二徒弟作为接班人。

"在这篇文章中，如果只读前半部分，从老锁匠的判断标准推测，就会出现错误。只有通读全文，抓住文中的细节描写——大徒弟看到钱'眼中放光'，二徒弟'支吾了半天'才能判断二人的性格特征。再根据老锁匠一番语重心长的话，就能推测出故事结局。"无知大叔分析道。

第二，要抓住文章中的隐含信息，挖掘有关材料或信息字里行间的意思。

这是难点，也是重点。作者在写文章时虽然没有直接的表述，但总会有一些隐含的线索埋在文中。我们要善于捕捉和利用这些暗示，细细体会作者的观点、态度。

第三，注意一些关键语言环节。

抓住某些关键词语，也就找到了打开思路的钥匙。如上文中对两位徒弟的神态描写、语言描写，就能帮助我们推测故事结局。

还要注意文中表示判断、因果、类比、总结概括的语句，它们往

往也在表达作者的思想。

"我们来看下面这篇微小说，根据语境作推测和想象，在文中的横线内补写承前启后的两句话。"无知大叔又展示了一篇文章。

"书法家"

书法比赛会，人们围住前来观看的高局长，请他留字。

"写什么呢？"高局长笑眯眯地提起笔，歪着头问。

"写什么都行。写局长最得心应手的好字吧。"

"那我就献丑了。"高局长沉吟片刻，轻抖手腕落下笔去。立刻，两个劲秀的大字从笔端跳到宣纸上："同意。"

_____

高局长循声望去，面露难色地说：

"不写了吧——能写好的就数这两个字……"

"哈哈哈……"看完这篇文章，小朋友们笑得都直不起腰。敢情这局长能写好的就两个字啊！

你们推测下中间省略的情节是什么？

应该是有人让高局长再写几个字吧！

 从哪里推测出来的？　　　嗯——我来说说。

第一，标题中的"书法家"加了引号，读完后才知道高局长只会写批文件时常用的"同意"二字，与真正的书法家相去甚远，因此可以断定此处的引号表示讽刺，否定。

第二，从"高局长循声望去，面露难色地说"这个细节描写中看出，声音是从远处传来的，应该是后面的人说话，而他"面露难色"说明他对自己没有信心。

第三，从"不写了吧"几个字可以看出后面的人是让他写字。

第四，高局长前面写的字很好看，也确实很自信，从"笑眯眯""轻抖手腕"这些细节上能看出来。所以现场的人被他震住了，以为高局长的确是行家，所以提出再写字的要求并不过分。

 这样一分析，中间省略的情节是——人们都叫道：不错不错。后面便有人喊：再写几个字吧！

"哇——"小伙伴们异口同声地发出赞叹,这样条理清晰的分析,也太牛了吧!

"火眼金睛,见微知著,小布头潜力无限啊!"无知大叔一改往日的惜字如金,毫不吝啬地夸赞道。

停顿了下,无知大叔正色说道:"阅读文章时如何获取信息,所有的学习已经完成。在金街,我为你们讲了根据要求寻找相关信息、加工信息的方法,根据文章内容填空、推测的方法,寻找过渡句、中心句的方法。这些方法,都会助力你们更深入地阅读文章。小朋友们,我要带你们去金街的黄沙台,接受黄沙的洗礼。"

"像沙尘暴一样吹我们吗?"乐哈哈和乐嘻嘻心里很疑惑。

"黄沙台,取'吹尽黄沙始到金'之意。文章城的孩子都喜欢去黄沙台玩,但只有掌握了获取信息方法的小朋友,才能在沙子中找到金色的通关卡牌。祝各位好运!"无知大叔从小朋友们的眼神中获取到信息,解释说。

"这样的通关真有趣!"乐哈哈叫道。

他们快乐地奔向黄沙台,果然在沙子中找到一枚小小的火苗形状的金色通关卡牌。

要点提炼

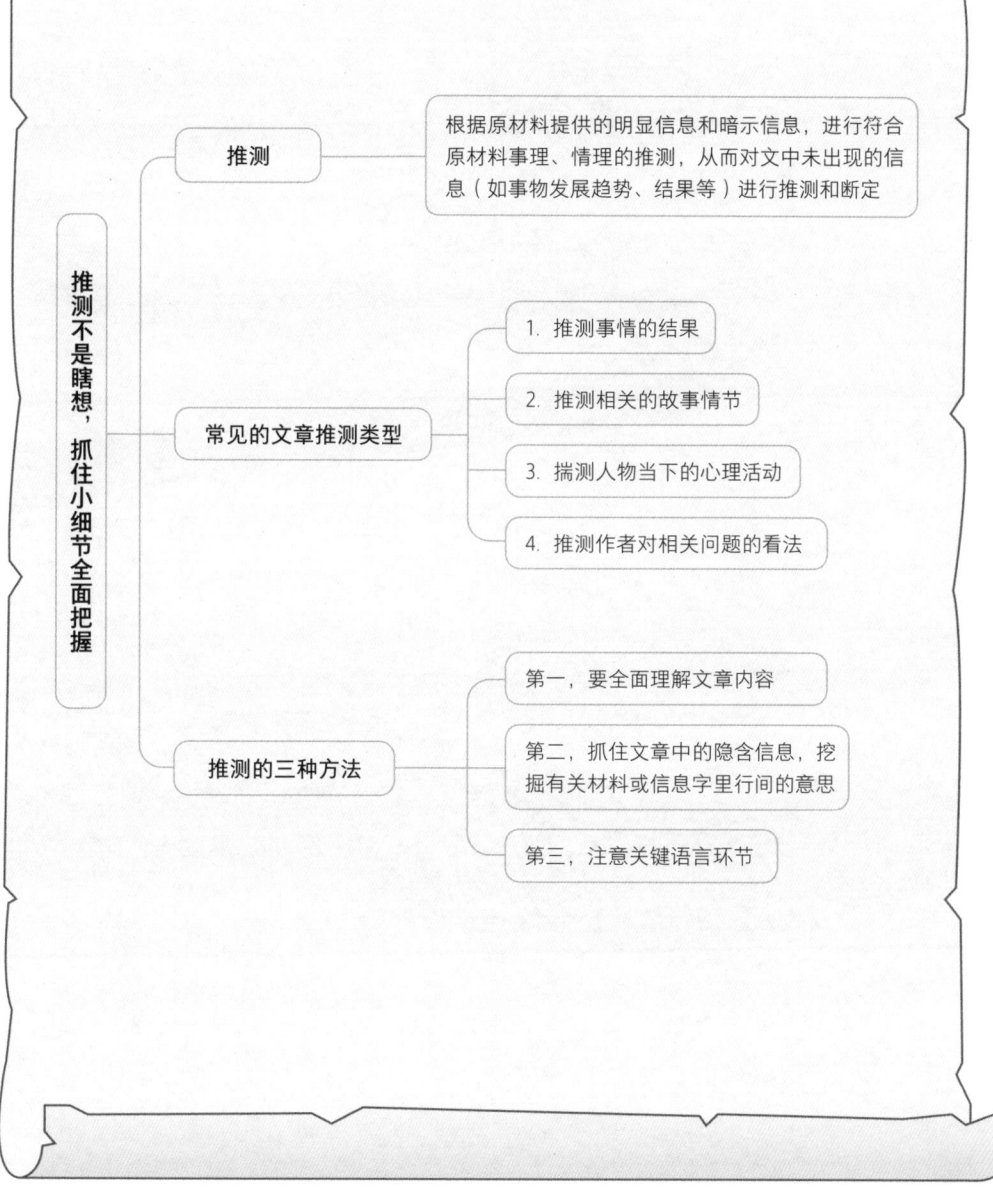

赴约
"评价鉴赏官"

叫好不能"叫好"，
要体会文章写法的精妙

03

02

01

拜会
"整体感知官"

站高点看文章，
全面厘清层次结构

讨教
"获取信息官"

练就火眼金睛，
精准提取有效信息

04 寻访"形成解释官"

解释形成原因,
读懂文章万千可能

05 拜师"创意运用官"

联系生活实际,
轻松实现读写一体

五种表达方式，让文章丰富又多彩

火街悦心园的高墙上长满葱郁的蔓藤。一走进院子,眼前便是一片花海,各种色彩斑斓的花朵竞相绽放。院子中央,有一座雅致的亭子。亭子四周挂满了藤萝和茂密的青藤,仿佛一个天然的绿色帷幕。

一位漂亮的女子,身穿一袭白衣,宛如从天上飘落下来的精灵。她一头乌黑如鸦羽的长发,微微卷曲,在阳光照射下闪耀着柔和的光泽。她的眼眸清澈明亮,像是映照着整个世界的湖泊。

她在花丛间轻盈地跳动着,纤细的双手轻轻触摸着每一朵花朵,好像在传递自己对大自然的赞美之情。她的微笑,如春风拂面般温暖人心,让人忍不住陶醉其中。

"小姐姐,请问'评价鉴赏官'在吗?"乐嘻嘻礼貌地向那位姑娘问道。

"当然在啦!请问你们找她有什么事吗?"对方忽闪着大眼睛。

"我是乐嘻嘻,这是我哥哥乐哈哈与同学小布头,这是金街无知大叔发给我们的通关卡牌。我们来这里,是想学习评价鉴赏文章的方法。听小墨说,这里的'评价鉴赏官'是一位美丽热情的姐姐,一眼就能看出文章的好坏,我们很想向她学习呢!"乐嘻嘻说明来意。

"我早就听说你们这三个聪明好学的小朋友啦!其实,我就是'评价鉴赏官',你们可以叫我小雪!"对方吐吐舌头,一副调皮可爱的样子。

"啊？'评价鉴赏官'姐姐那么厉害，我们还以为是位看起来很成熟的姑娘呢，没想到您这么年轻！"乐哈哈使出他的绝招"彩虹屁"，小雪姐姐听得更开心啦！

"过奖过奖！其实一篇文章写得好，有一个原因是灵活运用了五种表达方式。"

表达方式

所谓表达方式，是指说话、写文章时所采用的语言表现形式。

"我送你们五朵花，它们正好代表文章的五种表达方式。"小雪姐姐说着，一朵花就轻悠悠地飞过来了。

第一朵是"记叙"花。

记叙是写作中一种最基本、最常见的表达方式，是作者对人物的经历和事件的发展变化过程以及场景、空间转换所做的叙说和交代，在写人和写事文章中应用得较为广泛。

好的记叙条理清晰，读者看起来津津有味。用得不好，则会让人如坠云里雾里。鲁迅在《从百草园到三味书屋》中有一段记叙长妈妈讲故事的段落，就是很好的例子：

> 长妈妈曾经讲给我一个故事听：先前，有一个读书人住在古庙里用功，晚间，在院子里纳凉的时候，突然听到有人在叫他。答应着，四面看时，却见一个美女的脸露在墙头上，向他一笑，隐去了。他很高兴；但竟给那走来夜谈的老和尚识破了机关。说他脸上有些妖气，一定遇见"美女蛇"了；这是人首蛇身的怪物，能唤人名，倘一答应，夜间便要来吃这人的肉的。

记叙的顺序有四种，分别是顺叙、倒叙、插叙和补叙，而每一种记叙方式，又有其相应的作用。

第二朵是"描写"花。

描写是通过一定的写作手段,把人物或景物的状态具体形象地描绘出来,它是一般记叙文和文学写作常用的表达方式。从描写角度来说,描写又分为正面描写和侧面描写。

正面描写

是对人物或景物作正面的刻画,对人物的外貌、心理、语言和动作等方面进行描写。

侧面描写

是指通过描写周围人物或环境等来表现所要描写的对象,以突出主要人物的个性特点。

如果正面描写是红花,那么侧面描写就是片片绿叶。侧面描写是对正面描写的有益补充,有利于表现人物特点,能使人物的个性更为鲜明突出,起到正面描写无法替代或很难达到的艺术效果。

> 第三朵是"说明"花。

说明是一种用简明扼要的文字，把事物的形状、性质、特征、成因、关系、功用等解说清楚的表达方式。

说明是说明文的主要表达方式。它最大的特点是能够对事物进行详细的解说，使事物的特点更加清晰明确。

> 第四朵是"议论"花。

议论是一种对某个议论对象发表见解，以表明自己观点和态度的表达方式。

　　议论常用在议论文中，但是在一般的记叙文、说明文中也常被当作辅助应用。运用议论能使文章鲜明深刻，具有较强的哲理性和理论深度。所谓"画龙点睛"，议论就是一篇文章的"眼睛"。

第五朵是"抒情"花。

抒情即抒发和表达作者的感情。抒情又分为直接抒情和间接抒情两种。

直接抒情

作者不借助任何手段,直接表达自己内心的情感。

间接抒情

作者会借用景物、物体,把感情暗含其中,委婉含蓄地表达情感。

但在实际写作中,一篇文章就像一盘菜,不会只用到一种食材,而是用几种食材,通过色香味的搭配,呈现出最好的状态。

比如,我们在描写看到的一朵花时,可以:

- **先记叙**:今天早上,我在散步时看到一朵花。
- **然后说明**:这是一株月季,蔷薇科植物。

- **再描写**：有的全开着，就像亭亭玉立的小仙子；有的半开着，就像害羞的小姑娘；有的是花骨朵，就像一个个小桃子，真是可爱极了！
- **进而抒情**：多么漂亮的花啊！
- **也可以议论**：多少人会着迷于它美丽的容颜，忘记回家的路。

先要了解五种表达方式，才能从文章中分辨出它们的身影。现在，我们来看下面这篇文章，找找这五种表达方式吧！

  小雪姐姐摘下一朵花，轻轻一吹，就变成一篇文章。

  乐嘻嘻与乐哈哈运用阅读国爷爷教过的阅读方法，快速读完了这篇文章。

自由与生命

  八月的一天下午，天气暖洋洋的，一群小孩在十分卖力地捕捉那些色彩斑斓的蝴蝶。望着它们，我不由自主地想起童年时代发生的一件印象很深的事情。那时我才十二岁，住在南卡罗来纳州，常常把一些野生的活物捉来放到笼子里，而那件事发生后，我这种兴致就被抛得无影无踪了。

我家在林子边上,每当日落黄昏,便有一群美洲画眉来到林间歇息和歌唱。那歌声美妙绝伦,没有一件人间的乐器能奏出那么优美的曲调来。

我当机立断,决心捕获一只小画眉鸟,放到我的笼子里,让它为我一人歌唱。果然,我成功了。它先是拍打着翅膀,在笼中飞来扑去,十分恐惧。但后来它安静下来,承认了这个新家。站在笼子前,聆听我的小音乐家美妙的歌声,我感到万分高兴,真是喜从天降。

我把鸟笼放到我家后院。第二天,它那慈爱的妈妈口含食物飞到笼子跟前。画眉妈妈让小画眉把食物一口一口吞咽下去。当然,画眉妈妈是知道这样比我来喂它的孩子要好得多。看来,这是件皆大欢喜的好事情。

接下来的一天早晨,我去看我的小俘虏在干什么,结果发现它已经无声无息地躺在笼子底层,死了。我对此迷惑不解,不知发生了什么事情。我想,我的小鸟不是已经得到了精心的照料吗?

那时,正逢著名的鸟类学家阿瑟·威利来看望我的父亲,在我家小住。于是,我把小可怜儿的可怕的厄运告诉了他。听后,他作了精辟的解释:"当一只雌美洲画眉鸟妈妈发现它的孩子被关进笼子后,就一定要喂小画眉鸟足以致死的毒莓,它似乎坚信它的孩子死了总比活着做囚徒好些。"我听

了，大吃一惊。

从此以后，我再也不捕捉任何活物来关进笼子里。因为我知道：任何生物都有对自由生活的追求，而这种追求无疑是值得肯定的。

五种表达方式就像五种颜料，组合在一起，才能画出五彩斑斓的图画。

也像中国乐器中的五种音符——宫、商、角、徵、羽，合在一起，才能演奏出美妙的乐曲。

要点提炼

五种表达方式，让文章丰富又多彩

- **表达方式**：指说话、写文章时所采用的语言表现形式

- **五种表达方式**：
  - 记叙：记叙的顺序分为四种，分别是顺叙、倒叙、插叙和补叙
  - 描写：
    - 正面描写
    - 侧面描写
  - 说明：能够对事物进行详细的解说，使事物的特点更加清晰明确
  - 议论：能使文章鲜明深刻，具有较强的哲理性和理论深度
  - 抒情：
    - 直接抒情
    - 间接抒情

评价文中形象，联系内容进行说明

几个小朋友围着一张画报,七嘴八舌地讨论:

这个人,一看就不是好人嘛!

大约是个汉奸!卖国贼!

小雪姐姐饶有兴趣地听他们说话,问:"他脸上又没写'坏人'两个字,你们凭什么这么说人家?"

你看他那副贼眉鼠眼的样子!再看那个发型!

电视剧里的汉奸,都梳着这个发型!

古人说:相由心生。都长成这个样子了,小雪姐姐,您说他能是什么好人呢?

小雪姐姐一边听，一边点头说道："生活中，我们总会下意识地根据一个人的容貌猜测他的性格特征。在阅读理解中，也经常会遇到这种题型……"

"对，小雪姐姐，您可说对啦！"

比如：

- 从文中找出一处描写××语言或动作的语句，并写一写这处描写体现了怎样的特点？
- 文章中的××是一个怎样的老师，为什么？
- 文章中的某些句子是对人物的什么描写？表现了人物的什么精神品质？

"不过，现在的阅读理解题考得可刁钻了！小雪姐姐，您是不知道，这种题会'女大十八变'。我们小学生真是太难了！我记得有一次是这样考我们的。"

- 文中的××将参加"最美××人"的评选，请你当一回推荐人，结合文章的事例为他写一写推荐理由，至少写出两点。

小雪姐姐听着乐嘻嘻与乐哈哈的抱怨，笑眯眯地说："其实这些都属于人物形象评价分析，在写人、写事类文章中常常会遇到。"

人物形象评价分析

所谓人物形象评价分析,是指概括、归纳人物特点及性格、品质、精神等。

"只要学会这几种方法,你们也能轻松应对哦!"

"这么神奇,那赶紧给我们讲讲吧!"

小朋友们眼里放光。

小雪姐姐从智慧菩提树上摘下几朵花。她展开第一朵花,上面写着一些字:

 通过具体的人物描写分析人物形象。

人物描写包括:

语言描写　动作描写　外貌描写　神态描写　心理描写

这些描写都能够反映出人物特点。

这是一段对人物语言的描写:

忽然,门外跑来一位中年妇女。她焦急地说:"红红,你家有扁担吗?""有。"小红爽快地答应,"婶婶,您要扁担干什么?"那位中年妇女叹了一口气,说:"哎,真倒霉,才挑了几担稻谷,扁担就断了。"话音刚落,小红像一阵风似的跑进屋里,拿了一根新扁担说:"给。"中年妇女一看,是一条新扁担,就故意问:"断了要赔吗?""不用赔!"小红干脆地说道。

从小红的语言中可以看出,她是个热情、爽快、乐于助人的姑娘。

我下意识弯腰又翻裤兜的时候,和一个男孩子的目光相撞。十四五岁的样子,一身尘土仆仆的工装,不用说,也是工地上的民工,跟着大人们一起来寄钱。我发现他的眼睛里流露着犹豫的眼神,抿着嘴,看着我似笑非笑的样子,有些怪怪的。而他的一只手揣在裤袋里,活塞一样来回动了几下,似掏未掏的样子,好像那里藏着刺猬一样什么扎手的东西,更让我感到奇怪。

……

这时候,我的衣角被轻轻地拉了一下,警戒地回头一看,是那个小民工。我看见他的手从裤袋里掏了出来,手心里攥着两角钱。冲我笑了笑,"我这里有两角钱。"说完这句外乡口音很重的话,他羞涩得脸红了。我接过钱,有些皱巴巴的,还带有他手心的温热,虽然只是两角钱,也是他的血汗钱。我谢了他,他微微地一笑,只是脸更红了,真是一个可爱的孩子。

从以上的动作、神态、语言描写中,可以看出小男孩乐于助人、善良友好、羞涩淳朴。

第二朵花上写着:

通过事件分析人物形象。

写人的文章中,除了对人物的描写外,往往还会写到一件或多件具体的典型事件。文章中的事情都是为塑造人物而写的,因此了解事情的来龙去脉,关注事情的细枝末节,都可以帮助读者更好地理解人物形象。

《将相和》一文中写了蔺相如的三件事情——完璧归赵、渑池相会、负荆请罪,三件事情体现出蔺相如机智勇敢、不卑不亢、有勇有谋、顾全大局、以国家利益为重的精神品质。

第三朵花上写着:

通过环境描写分析人物形象。

性格的形成与环境密不可分,什么样的环境就会造就什么样的性格。所谓"近朱者赤,近墨者黑",就是这个意思。因此,在分析人物形象时,还要联系人物活动的社会历史背景,这样才能精准地把握人物的个性。

第四朵花上写着:

通过别人的评价分析人物形象。

在文章中,往往有其他人对主人公的评价。我们可以借助其他人物的评价语句,分析人物特点。

为人熟知的诗人张九龄是唐玄宗时期的国相,张九龄去世后,每有人向唐玄宗举荐人才,唐玄宗都要问这样一句话:"其人风度得如九龄否?"意思就是说这个人的风度和张九龄比起来怎么样啊?从唐玄宗的这句话中,能看出张九龄深得皇帝信赖。

做这些题时,我老是要丢分。不知是人物性格概括得有些片面,还是答题不够完整?为此,我很苦恼。

小雪姐姐耐心地为他解答。

要想在阅读理解中得分,一定要细读题干,并分析题目赋分。就像下面两种问法,需要你们在回答时也采用不同方式。

1. 文中的××是个什么样的人,请简要分析。
2. 请举例说明,文中的××是个什么样的人。

"这两个问题有什么区别吗?'简要分析'与'举例说明',是不是第二个问题的答案要比第一个写得更多些?相应的,分值也会更高?"乐嘻嘻还是发现了它们的些许不同。

小雪姐姐针对这两个问题,分别给出方法。

第一个问题,只需答出:

××是一个什么样的人。

也就是"人物+性格特征(精神品质)"。

第二个问题,一定要结合文章中的人物描写或典型事例具体分析。

如:小男孩乐于助人,善良友好。从他借给"我"两角钱可以看出来。同时,他淳朴羞涩,从他借给"我"钱时犹豫不决的动作中可以看出来。

回答时可运用如下句式:

作者运用了_____描写方法(语言、动作、心理、神态)+文章中的例子+看出他是一个什么样的人,表达了作者对这个人的_____感情。

"如果你能按照这样完整的方法回答问题,对人物形象的分析评价一定会通关哦!"小雪姐姐鼓励几个小朋友,"接下来,我们来读一篇很有意思的小小说。"

马市长吃罢晚饭,在客厅里悠闲地品着香茶。女儿笑盈盈地走过来:"爸,我想跟您请教个问题。"

"什么问题?说吧。"

"我们单位有个刚分配来的女大学生,放着清闲的工作不干,偏要到农村搞什么乡镇企业,您说她是不是太傻了?"

马市长放下手中的茶杯,望着女儿说道:"现在农村条件确实差些,有些人只顾自己的利益和前途,不愿到农村去,而这个女大学生敢于摆脱传统观念的束缚,敢于舍弃自己的利益,她这种精神很值得表扬,我们一定要大力支持。"

女儿神秘地笑了笑,说:"不对,我认为应该表扬她爸爸,因为她爸爸十分支持她。"

"哦,那么她爸爸是谁?"马市长问道。

"就是您老人家呀!"

"什么?"马市长顿时收敛了笑容,"你怎么能这样?这绝对不行!"

这篇小小说只有人物的语言、动作、神态描写。因此,我们要抓住这些描写来分析马市长的性格特征。

而他的特点又集中体现在文章最后"顿时收敛了笑容"这一转折上,与前面的"和蔼豁达"形成了极大的反差。因此可看出:马市长是个虚伪的,嘴上谈着国家利益,实则自私自利的人。

小雪姐姐耐心地为小朋友们讲解。

要点提炼

评价文中形象，联系内容进行说明
- 如何评价人物形象
  - 通过具体的人物描写分析人物形象
  - 通过事件分析人物形象
  - 通过环境描写分析人物形象
  - 通过别人的评价分析人物形象
- 评价人物形象的回答要点
  - 细读题干，并分析题目赋分
  - 1. 文中的××是个什么样的人，请简要分析 —— 人物+性格特征（精神品质）
  - 2. 请举例说明，文中的××是个什么样的人
    - 要结合文章中的人物描写或典型事例具体分析
    - 回答句式：
      作者运用了_____描写方法（语言、动作、心理、神态）+文章中的例子+看出他是一个什么样的人，表达了作者对这个人的_____感情

赏析优美语言，好句子有哪些特征

03 赴约"评价鉴赏官"

休息的时候,小朋友们最喜欢围在姹紫嫣红的花边,细细地闻,静静地看。这样的情景,总让小雪姐姐想到顾城的诗:

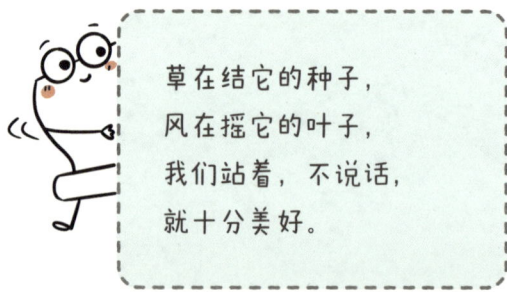

草在结它的种子,
风在摇它的叶子,
我们站着,不说话,
就十分美好。

小朋友们也会争辩这朵花与那朵花不同的美,这是小雪姐姐最幸福的时候。不论哪朵花,都是她辛勤培育的结果啊!但小朋友们有时会为哪一朵花当"花王"吵起来,最后来到小雪姐姐面前,让她评评理。可是,他们又很快把小雪姐姐的"理"置于一边,继续回到"听我的""我才是对的"的争论中去。

美的花,让人流连忘返;好的景物,让人念念不忘;文章中那些好句子,读起来总让人回味无穷。可什么是文章中的"花",该如何"鉴赏"呢?这可是个大学问!

小雪姐姐看着坐在漂亮吊椅上的孩子们,问:"花,可以使一座宫殿漂亮起来。那什么能让一个句子变得很漂亮?"

"应该是用些修辞、描写或者写作方法吧!总之,得加点东西,就像我们喝水放糖一样,否则就像白开水一样索然无味!"乐哈哈总是能把很多问题关联到吃的喝的上面。

阅读理解中,对词句的赏析评价是很常见的问题,如:

 请从××角度,赏析(分析、品味)下面句子的表达效果。

句子运用了××描写方法(修辞手法),有什么作用(好处)。

 ××词语用得很好,说说好在哪里,或者××词语能不能去掉或换掉。
……

乐哈哈的头点得像小鸡啄米,插话说:"对对对,就是这些。我哪知道好在哪里,只会写'不能去掉''不能换掉'……"

说到这里,乐嘻嘻突然大笑起来,她想到哥哥有次写作业,阅读题后赫然写着:不能去掉,去掉后字数会变少,这样就凑不够600字作文了。这个答案,承包了班级一整年的笑点。

小雪姐姐也被这样的"神答案"逗笑得前仰后合,好一会儿才停下来。

赏析好词好句,不仅能提高我们对美的感知能力,还能借鉴运用,提升写作能力。因此,我们要像刚才赏花一样,去鉴赏好句子。

赏句,可不比赏花容易呀!我的小雪姐姐!不过,您一定有办法。

我们在赏析文章句子时,首先要对它的"好"进行分析。好句子,往往会有"添加剂"。

小雪姑娘莞尔一笑,手伸出来,一些花瓣就纷纷扬扬地掉到她手上。

第一组花瓣是常用修辞。

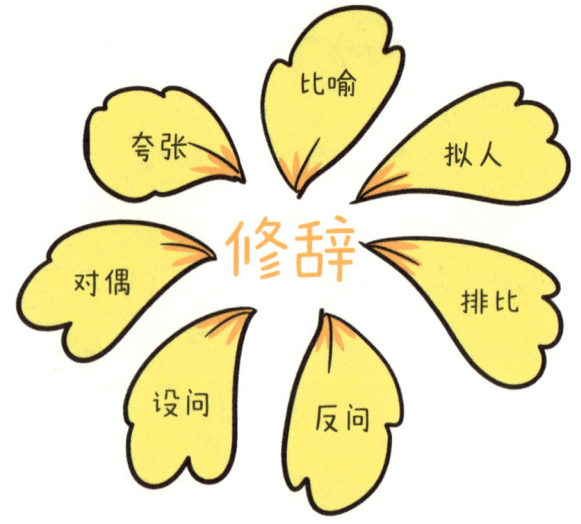

比喻	这是最常用的修辞手法，即抓住不同事物的相同之处，用具体、生动的事物来代替抽象、难理解的事物。
拟人	把物当作人，使物体具备和人一样的语言、动作、感情等。
排比	排比由三个或三个以上结构相同或相似、内容相关、语气一致的短语或句子组成。用来增强语势，加重感情。
反问	句子会用肯定或否定的形式来表达否定或肯定的含义，字面意思正好和实际意思相反，反问会加强语气，发人深思，增强文章的气势。
设问	自问自答，以引导读者注意和思考。
对偶	用两个结构相同、字数相等、意义相称的词语或句子来表达相反、相似或相关意思的修辞手法。
夸张	为了达到某种表达效果，对事物的形象、特征进行夸大或缩小，以突出该事物的特点。

表现手法的使用，也会让句子"好"起来。小初阶段有七种常见的表现手法，也是第二组魔力花瓣呈现的内容。

对比	即把两个相反相对的事物，或同一事物相反相对的两个方面放在一起进行比较，以说明事物的某个特点。
衬托	为了突出某个主要事物，用类似的事物或反面有差别的事物做陪衬。
象征	借助某一具体事物的外在特征，寄予某种深邃的思想，以表达某种富有特殊意义的事理的方法。如用白鸽象征和平，鸳鸯象征爱情。
借景抒情	借助客观景物抒发作者的主观感情，做到情景交融。
借物喻人	借助某一事物的特点，比喻人的精神品质。如《落花生》一文，就借"落花生"比喻那些不图虚名、默默奉献的人。

托物言志	通过对事物的描写和叙述，表达作者或主人公的志向。比如古诗"洛阳亲友如相问，一片冰心在玉壶"中，作者用"冰心""玉壶"来表达自己纯洁高尚，不愿同流合污的品质。
欲扬先抑	想要夸赞某一事物，却偏偏从它不好的方面写起，前后形成剧烈反差，使情节多变，波澜起伏。

有的时候，一个句子中某个精妙的词，就像衣衫上的一颗明珠，使整件衣服瞬间熠熠生辉。抓住这样的关键词，也是赏析句子的重要方法。

用上"修辞""表现手法""关键词"这些添加剂，一个普通的句子就会改头换面，面目全新。

作者一番煞费苦心地改造，只是为了让句子看起来更漂亮吗？还有别的目的吗？我们老师可说了，写文章可不能只追求表面的花里胡哨。

小雪发自内心地为乐嘻嘻点赞,她的思考很有深度,总能找到问题的核心点。

运用以上方法,除了能让语言更生动、形象、传神外,还能突出所要描写的对象——一个人、一件物品、一个景物的某种特点,给读者留下更深刻印象,以表达作者自己或主人公的情感。

小雪又摘下一片花瓣,上面写着一个很唯美的句子,出自朱自清的《春》:

桃树、杏树、梨树,你不让我,我不让你,都开满了花赶趟儿。红的像火,粉的像霞,白的像雪。

我们先来分析这个句子的"添加剂"吧!

有修辞手法!"你不让我,我不让你"是拟人,"红的像火,粉的像霞,白的像雪"既有比喻又有排比。

作者用了这些"添加剂",句子一下子就生动鲜活起来啦!我们再来思考,这句话的写作对象是什么?或者说,这句话写了哪些事物?它们又有什么特点?

桃花、杏花、梨花,它们开得很茂盛,颜色很多,很漂亮,像这个小院的花一样。

读完这个句子,你们能感受到作者写这句话时的心情吗?

开心、愉快、欣喜以及对春天的热爱。反正,就是景物特别美,心情特别爽!

小雪姐姐把大家的回答作了整合,给出了一个完整的答案:

这句话运用了比喻、排比、拟人的修辞手法,生动形象地写出桃树、杏树、梨树争先恐后开花的状态,以及花朵之多、颜色之艳,抒发了作者赏心悦目的欣喜之情。

"我还想再赏析一个句子,如果'赏'得好,小雪姐姐能不能赏我两张通关券?"乐哈哈一脸贼笑地求"福利"。

"你呀!"小雪姐姐嗔笑着,又摘下一朵花,不过,这朵花有些大、有些艳,不知道小朋友们能不能"赏"得了。

> 父亲跟着风跑,终于跑在风前面将斗笠拾起来,然后一甩手,斗笠旋转着从大门口飘进屋来,雨水像珠子一样从笠沿四射开来,溅了我们一身。

"这个句子嘛,好像有点复杂……"乐哈哈有些为难,不过挑战是他自己提出来的,自然不好意思马上退下阵来,琢磨了一会儿,慢悠悠地说:"有比喻的修辞手法,把雨水比作珠子,写出了雨水的样子。"

"还有父亲的动作描写,如'跑''拾''甩',似乎能看出父亲并不怕风雨,反而有点小快乐。"乐嘻嘻思考着说。

"除了父亲的动作,还有雨水的动作——四射、溅,形象地写出了雨水四散、纷纷点点洒落在身上的动态过程。"小布头不声不响,但关键时候一语惊人。

看来,一个句子的赏析角度还是很多的。所以,养成一双发现美的眼睛,是件多么重要的事。

要点提炼

赏析优美语言，好句子有哪些特征
└─ 赏析优美语句的方法
   ├─ 1. 分析句子的修辞手法、写作方法
   │   ├─ 常见的修辞：比喻、拟人、排比、反问、设问、对偶、夸张
   │   ├─ 常见的表现手法：对比、衬托、象征、借景抒情、借物喻人、托物言志、欲扬先抑
   │   └─ 关键词的使用
   ├─ 2. 突出所要描写的对象 —— 一个人、一件物品、一个景物的某种特点，给读者留下更深刻印象
   └─ 3. 表达作者自己或主人公的情感

好标题会吸睛，
分析标题好在哪里

这天早上来到悦心园,乐哈哈迫不及待地分享他那啼笑皆非的梦:"我与朱自清在梦里大战三个回合,最后他败下阵来!"

乐哈哈可把文章结构学明白了,一说话,先把结果亮出来,小朋友们"呼啦"一下都围了过来。

"朱自清一介文人,你一个小屁孩儿,有什么可战的?"小布头不屑。

人群中的乐哈哈颇有说书人的架势,嗓子一清,绘声绘色地开始演讲——

朱自清走到我跟前,扶了扶他的黑框眼镜,鼻子里冷哼一声,说道:"我的文章《背影》,标题都被你们改成什么样了?什么'一男子穿过铁道为心爱之人买东西,结果怎么样了',什么'朱自清父亲违规操作,把人看呆了',什么'浦口车站惊险一幕,竟然有人穿越铁道',真是气煞我也!"

看对方气鼓鼓的样子,我赶紧安慰他:"这样改不好吗?你看,这样的标题才能吸引人嘛!"

"吸引人就是好标题?"对方气势汹汹地反问。

我可不怕他,立即反驳:"那自然!别人对你的标题不感兴趣,看也不看一眼,文章写得再好有什么用?"

朱自清被我噎得说不上话来,我乘胜追击:"要不我们做个试验,看看你的标题和改后的标题哪个更吸引人?"

朱自清不服气地同意了。我把这两篇文章发在公众号上，文章内容一模一样，只不过标题不同。一天过去，你们猜怎么着？标题为《背影》的文章有36人看过，而标题为《一男子穿过铁道为心爱之人买东西，结果怎么样了》居然有547人看过。在数据面前，大作家朱自清嘴里嘟囔着我听不懂的之乎者也，闷闷不乐地走了。

小雪姐姐听完乐哈哈的演讲，反问了小朋友们一个问题："吸引人的标题就是好标题吗？"

小朋友们沉默了，刚才还眉飞色舞的乐哈哈也开始思考。

"不得不承认，在互联网时代，利用人们好奇心的'标题党'的确会捕获更多的流量，获得更高的点击率，但高点击率并不是好标题的标准。而且，网络阅读与传统纸质阅读是不同的。"小雪姐姐解释。

网络阅读

利用人们碎片化时间的多元阅读，满足读者观感上的需求。

纸质阅读

更适合集中注意力深度阅读，给人们提供精神上的享受，因此它的标题更需要回味。小学生在阅读初期，一定要沉到纸质阅读中去……

那说到底,什么样的标题才算是好标题呢?这个问题,在阅读理解中也经常遇到。

标题鉴赏

鉴赏标题是读懂文章的一个重要标志,也是"评价鉴赏"的重要组成部分。在小学阅读中,它通常会以"为什么以此为标题""本标题有何妙处""分析标题的作用"等问题出现。

乐哈哈一脸发愁:"标题就那么几个字,好处却要写一大堆,这不是为难人吗?"

"别担心,我有核心秘籍,助你们一臂之力。"小雪姐姐刚说完,她的手上已经多了几片花瓣。

标题第一"好":能概括全文主要内容。

一个标题如果有人、事、物、景四者之一,通俗一些讲,就是看到标题后,读者能大概猜出文章内容,这样的标题就概括了全文内容,交代了文章相关信息。

如《武松打虎》这个标题,有人有事,读者根据标题就能猜出文章内容。

标题第二"好":能暗示或揭示文章的主题。

主题就是作者想要表达的思想感情,或者想要告诉人们的道理启示,或者想要塑造的人物形象,或者作者的理想追求。

如果一个句子或段落写出了以上四个方面中的任意一个,那么这个句子或段落就"点明了中心""点明了主题""点明了主旨"。

如果题目中有表示思想感情、道理启示、人物形象、理想追求等词语,那么这个标题就揭示了文章主题。

如标题《只要信心不被打败》,告诉了读者道理;《我爱家乡的秋夜》，表达了作者的情感；《天使的礼物》虽然没有直接表达情感，但暗含着文章中主人公的情愫，就是暗示文章主旨。

标题第三"好"：是贯穿全文的线索。

一般情况下，常见的线索有以下六种：

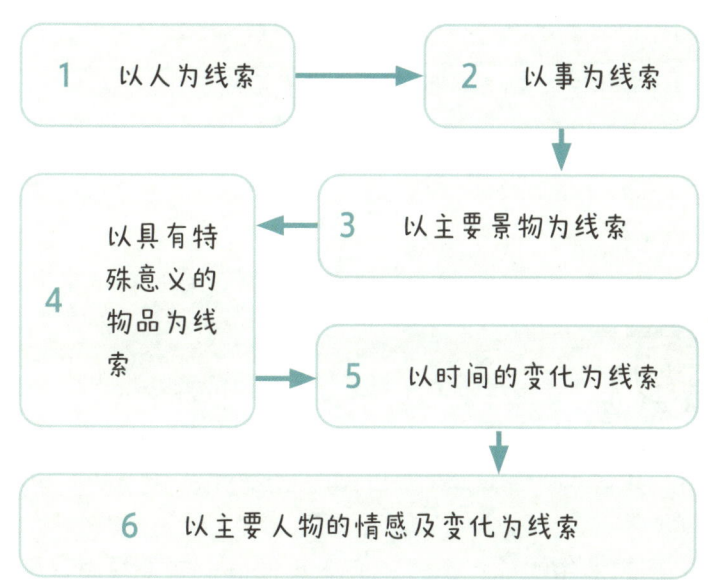

一般情况下，如果标题中含有以上六种线索中的一种，这样的标题就是文章的线索。如标题《奶奶的老花镜》中出现"物"——老花镜，且老花镜贯穿全文始终，这个标题即文章的线索。

标题第四"好":形式上新奇设疑,吸引读者。

有的标题用词新颖别致,令读者耳目一新,如《大自然的语言》。

有的标题会借用古诗词、成语,富有诗意,如《驿路梨花处处开》。

有的标题采用疑问句式,引人深思,如《花儿为什么这样红》。

有的标题设置悬念,吸引读者,如《喂——出来》。

有的标题格式新颖,条理清晰,如文章中的小标题。

无论哪种形式,都能成功地吸引读者的注意力,让他们产生阅读兴趣。

标题第五"好":运用修辞或表现手法,突出主题。

有的标题运用比喻、拟人、夸张等修辞,如《雪山"小太阳"》就是采用了比喻。

有的标题是某个物品,代表着某种精神或品质,具有象征意义,如《白杨》。

有的标题是一语双关,如《爸爸的花儿落了》。

但要注意,并不是每个标题能占到"五好",更多时候,是有其中的某几个好处。现在,我们来读读下面的这篇文章,当当"品鉴官",说说这个标题的好处吧!

四块糖

抗日战争时期,陶行知在四川创办了育才学校,并担任校长。有一次,他在校园里看到学生王友正用泥块砸同班的男生,当即制止了他,并令他放学后到校长室去。

放学后,陶行知来到校长室,王友已经等在门口准备挨训了。可一见面,陶行知却掏出一块糖送给他,并说:"这是奖给你的,因为你按时来到这里,而我却迟到了。"王友惊疑地接过糖。随后,陶行知又掏出一块糖放到他手里,说:"这块糖也是奖给你的,因为当我不让你再打人时,你立即就住手了,这说明你很尊重我,我应该奖励你。"王友更惊疑了,他的眼睛睁得大大的。

陶行知又掏出第三块糖塞到王友手里,说:"我调查过了,你用泥块砸那些男生,是因为他们不守游戏规则,欺负女生。你砸他们,说明你很正直、善良,有跟坏人做斗争的勇气,我应该奖励你呀!"王友感动极了,流着眼泪后悔地

说:"陶……陶校长,你……你打我两下吧!我错了,我砸的不是坏人,而是自己的同学呀!"

陶行知满意地笑了,他随即掏出第四块糖递过去,说:"为你能主动承认错误,我再奖给你一块糖,可惜我只有这一块糖了。我的糖没有了,我看我们的谈话也该结束了吧!"

"我们对应着标题的作用一一来分析吧!"小雪姐姐说。

乐哈哈首先说道:"标题是《四块糖》,读者一看就能猜出这篇文章是围绕四块糖来写的。因此,此标题概括了全文的主要内容。"

乐嘻嘻指着标题的第二个"好"说:"《四块糖》没有表达情感,或者是告诉人们道理启示,所以我觉得它并不具备第二个作用——暗示或揭示文章的主题。但是,四块糖贯穿了全文,带动了整个故事的发展,因此它是文章的线索。"

"我看到《四块糖》这个标题时,心里便产生了疑问:这四块糖是给谁吃的呢?为什么要给对方吃?它令我有了阅读欲望,也算吸引读者吧!"小布头补充。

这样一说,这个标题的"好"也被我们分析得头头是道啦!以后,看到文章标题,你们是不是也可以像今天这样品鉴一番呢?

几个小朋友不约而同地点点头。

要点提炼

好标题会吸睛,分析标题好在哪里 —— 标题的五个好处
- 能概括全文主要内容
- 能暗示或揭示文章的主题
- 是贯穿全文的线索
- 形式上新奇设疑,吸引读者
- 运用修辞或表现手法,突出主题

出现环境描写，千万别认为它没用

没事的时候,几个小朋友经常围在一起聊天。这天,他们正好聊到了电视剧。

"我发现电视剧中经常有一个桥段——下雨。比如主人公心情不好出去跑步时要下雨;主人公做一件重要事情快要成功时,也会下雨……"乐嘻嘻看过的电视剧可不少。

乐哈哈附和着妹妹:"是呢!那些导演们也太没创意了吧!"

小布头出乎意料地没有反对他们,也说:"不仅是电视剧里,就是文章中,伴随着主人公的一些遭遇,也经常会出现风雨雷电之类的描写,好像专门和主人公作对一样。"

"非得把主人公整那么惨,作者才高兴吗?"乐嘻嘻有些不满。

小雪姐姐听着他们聊天,郑重其事地说:"文章中出现环境描写,千万别认为它没用。有的时候,环境描写还会起大作用呢!就像如果早上只吃油条不喝豆浆,胃里就会干得难受一样。"

"嘿嘿,小雪姐姐,您的比喻可真形象,那您来说说,环境描写是怎么滋润文章的呢?"

"我先举个最常见的例子吧!"小朋友们写旅游作文时,开头往往是这样的:

今天天气晴朗，天空的朵朵白云像棉花糖一样，我和妈妈去旅游。一路上，我看到花儿在向我点头，小草在向我招手，我心里像吃了蜜一样甜……

小雪姐姐还未说完，就被小朋友们的笑声打断了。

小雪姐姐，您真的相信每次旅游都有那么好的天气吗？

不相信啊！可是你们为什么要那样写呢？

不就是要表现自己很开心嘛！我总不能一直说我很高兴，我很开心，我很快乐吧？

愉快的心情，可以用美好的环境衬托，这是文学作品中经常出现环境描写的原因。同样，糟糕的心情，也可以用恶劣的环境衬托。

"比如这一段——"小雪姐姐伸手从花枝上摘下一片花瓣。

> 农历六月初十,一个阴云密布的傍晚,盛夏热闹纷繁的大地突然沉寂下来;连一些最爱叫唤的虫子也都悄没声响了,似乎处在一种急躁不安的等待中。地上没一丝风尘,河里的青蛙纷纷跳上岸,没命地向两岸的庄稼地和公路上蹦蹿着。天闷热得像一口大蒸笼,黑沉沉的乌云正从西边的老牛山那边铺过来。地平线上,已经有一些零碎而短促的闪电,但还没有打雷。只听见那低沉的、连续不断的嗡嗡声从远方的天空传来,带给人一种恐怖的信息——一场大雷雨就要到来了。
>
> 这时候,高家村高玉德当民办教师的独生儿高加林,正光着上身,从村前的小河里蹚水过来,几乎是跑着向自己家里走去。……
>
> 高加林一条胳膊撑着,慢慢爬起来,身体沉重得像受了重伤一般。他靠在铺盖卷上,也不看父母亲,眼睛茫然地望着对面墙,开口说:"我的书教不成了……"

"我一看第一段,就猜到没什么好事!"乐哈哈边读边说。

"环境果然是人物心情的'晴雨表'!"乐嘻嘻接着哥哥的话发表感想。

除了衬托心情,环境描写还可以渲染气氛。

你们有没有注意过恐怖片中的环境?

风呼呼地吹……

奇怪的鸟在阴森恐怖地叫。

地点会设置在破败的庙中,或者古木参天的树林里,或者一处久未居住的院子里。

再配上恐怖片特有的背景音乐,观众瞬间就会脊背发凉!

小雪姐姐假装全身抽动一下,似乎被小朋友们的描述给吓到了,不过她很快莞尔一笑,说:"当然,有些环境描写也能渲染出一种安静祥和的气氛来,比如这一段。"

> 我笑笑,执意要坐到外面纳凉。母亲先是一愣,继而脸上写满笑意。她忙不迭地搬了躺椅到外面。我仰面躺下,对着天空,手上拿一把母亲递来的蒲扇,慢慢摇。虫鸣在四周此起彼伏地响起,南瓜花在夜色里静静开放。月亮升起来了,皎洁的月光洒满安宁的小院。

"我读了这一段,好像跟着作者坐在她的小院里,听着虫儿四处鸣叫,拿一把扇子轻轻地摇着,月光给我盖凉被,简直不要太舒服!"乐嘻嘻心已往之。

有些文章在一开头就来一段环境描写,其实是在交代事件发生的背景,如时间、地点等,让读者对故事有基本的了解。

如《卖火柴的小女孩》开头是这样的:

> 天冷极了,下着雪,又快黑了。这是一年的最后一夜。在这又冷又黑的晚上,一个穷苦的小女孩,没戴帽子,赤着脚在街上走着。

"所以,小女孩的幻觉里出现火鸡、烤鹅,是很正常的。这正是大年夜人们最常见,也最想吃的食物。"小布头一本正经地说。

乐哈哈长叹一声,悠悠地说道:"所以,小女孩在这个夜里被冻死也是很正常的事——天又冷,她又饿,这天气可是杀手啊!"

 环境描写也会推动情节发展。

"说到环境描写的这个作用,我想到《智取生辰纲》中的环境描写。"

"此时正是五月半天气,虽是晴明得好,只是酷热难行""天气未及晌午,一轮红日当天,没半点的云彩,其实十分大热",正因为天热如此,军士非歇不可,杨志不允,打将起来。争执之中,遇见伪装的晁盖一行人,杨志一行精疲力竭,口渴难耐,为下文"买酒"中计埋下伏笔。所以说,故事的发展,环境是"始作俑者"。

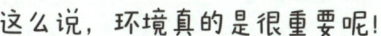

"这么说,环境真的是很重要呢!"

"在读透一篇文章时,正确理解环境描写的作用是非常必要的,阅读理解中也会经常出现分析环境描写作用的题。小朋友们,你们一定要活学活用哦!"

小雪姐姐一边说,一边从花枝上摘下另一片花瓣,一吹,果然又是一篇文章。

过年

我小时候并不特别喜欢过年,除夕要守岁,不过十二点不能睡觉,这对于一个习惯于早睡的孩子是一种煎熬。前庭、后院挂满了灯笼,又是宫灯,又是纱灯,烛光辉煌,地上铺了芝麻秸儿,踩上去咯吱咯吱响,这一切当然有趣,可是寒风凛冽,吹得小脸儿通红,也就很不舒服。炕桌上呼三喝六,没有孩子的份。

　　压岁钱不是白拿，要叩头如捣蒜。大厅上供着祖先的影像，长辈指点曰："这是你的曾祖父，曾祖母，高祖父，高祖母……"虽然都是岸然道貌微露慈祥，我尚不能领略慎终追远的意义。"姑娘爱花，小子要炮……"我却怕那麻雷子、二踢脚子。别人放鞭炮，我躲在屋里捂着耳朵。每人分一包杂拌儿，哼，看那个桃脯蜜枣沾着一层灰尘，怎好往嘴里送？

　　年夜饭照例是特别丰盛的。大年初一不动刀，大家歇工，所以年菜事实上是大锅菜。大锅的炖肉，加上粉丝是一味，加上蘑菇又是一味；大锅的炖鸡，加上冬笋是一味，加上番薯又是一味，都放在特大号锅子、罐子、盆子里，此后随取随吃，大概历十日不得罄，事实上是天天打扫剩菜。满缸的馒头，满缸的腌白菜，满缸的咸疙瘩，不知什么时候才可以见底。芥末堆儿、素面筋、十香菜，比较受欢迎。除夕夜，一交子时，煮饽饽端上来了。我困得低枝倒挂，哪有胃口吃？胡乱吃两个，倒头便睡，不知东方之既白。

　　"第一段中有段景物环境描写，它在文章中起什么作用？"小雪姐姐问身边的小朋友们。

乐嘻嘻白了哥哥一眼，思考着说道："这个句子描写了灯笼，而且'烛光辉煌'的样子非常美丽，结合全文来看，写的是过年时喜庆气氛。后半句中'踩上去咯吱咯吱地响'，也许是调皮的孩子在芝麻秸上跑来跑去，让人感受到过年时热闹的氛围和孩子们喜悦的心情。小雪姐姐，您说对不对？"

小雪姐姐赞许地点点头。

要点提炼

出现环境描写,千万别认为它没用 → 环境描写的作用 →
- 衬托人物心情
- 渲染气氛
- 交代事件发生的背景,如时间、地点等
- 推动情节发展

综合赏析文章，关键在于学以致用

接下来,我们来看赏析题的另外一种题型:××词语能不能去掉或换掉。

我知道!一般情况下,答案都是否定的。

对,做这类题首先要亮明观点。但重点是分析不能去掉或换掉的理由。我们先来看换词语的例子——

小雪姐姐展示出一段文字:

> 雨渐渐大起来,后座上的女儿,小脸紧贴着我的后背,右手穿过我的胳肢窝,擎着她那把橘红的小伞。雨砸在伞顶上,嘭嘭直响。

这个句子中的"砸"字能不能换成"落"字?答案是否定的。

当表明观点后,要分别解释这两个词语,分析二者不同。

砸，指沉重的东西落在物体上。

落，指坠落、降落。

同是落下，"砸"字特指落下的是沉重物体，突出这次雨下得很大，但"落"字没有这样的效果，所以不能换。

赏析题（能不能换词语）有四个分析步骤。

第一步：表明观点。

第二步：分别解释两个词语的意思。

第三步：把原词放回原句中，体会这样写的好处；再解释换了词语后，有哪些不好的地方，二者之间形成对比。

第四步：回扣问题，再次表明观点。

"这样一说,我就清晰多啦。小雪姐姐,您赶紧说说赏析题中'能不能删词语'的答题方法吧,最好是有刚才这样的步骤,我就可以照猫画虎了!我可不想再成为大家的笑柄了!"

乐嘻嘻沉吟了一会儿,才说道:"我试着来说说。"

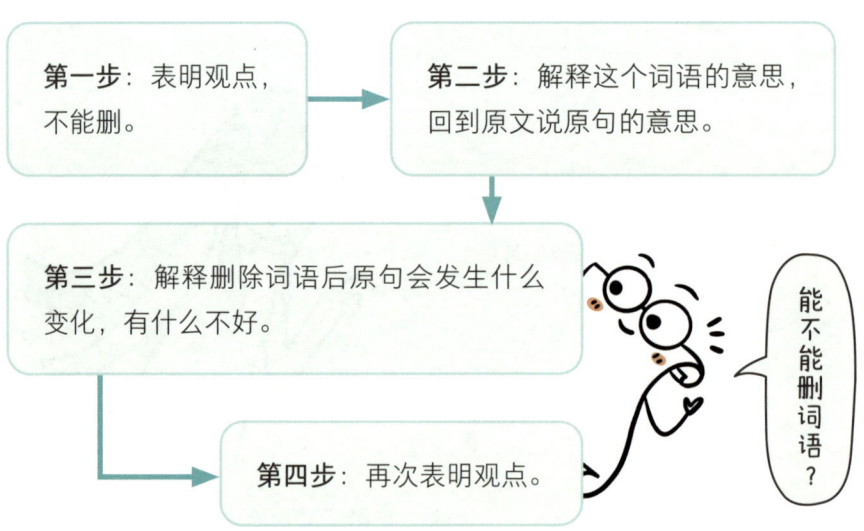

小雪姐姐对乐嘻嘻的总结非常满意,又展示出一段文字让小朋友们学以致用:

> 从居安思危的角度来看,谁也不敢保证地球将来不会出现能源枯竭、气候骤变、生态恶化、特大地震或被小行星碰撞等灾难。因此,火星可能成为人类首选的除地球外的第二栖息地。从这个意义来说,探明火星情况很有必要。
>
> 这一段中的"可能"可以去掉吗,为什么?

这是一个赏析词语的题,分析"可能"的重要性。

- **回答时,首先亮明观点**:"可能"不能删去。
- **接下来解释"可能"的意思**:也许,表示对情况的估计。原文中是指火星也许会成为人类首选的除地球外的第二栖息地,但这个判断并不确定,只是有一些可能性。
- **然后解释删除后的变化**:如果删掉,则变成"火星成为第二栖息地",与原文表述的意思并不相同。
- **最后再次表明观点**:因此不能去掉。

说明文中经常会出现很多限制词,如可能、大约、左右、当时、几乎、往往、通常、一般情况下、有些、大面积、大多数……这些词往往不能删除,它们能体现出说明文语言的准确性与严谨性,删掉后与作者要表达的含义并不相符。

> 赏析说明性语言,也是说明文阅读的一个常规考点。

> 但是,我要告诉你们的是:评价赏析涉及的范围越来越广了。

> 除了赏析词语、句子、人物形象、标题、环境描写之外,还会涉及各种写作逻辑。

比如:

- 对文章某些段落或某些经历进行详略不同的处理有什么作用。
- 对某个典型人物和人物群体进行点面结合的描写有什么好处。
- 几处相同内容在文中反复出现有什么作用。
- 文中的某几处细节对后文相关情节的发展带来了什么影响。

要特别注意的是,在阅读时,揣摩作者的写作意图,辨明写作手法,才能赏析到文章的妙处。

乐哈哈听得头皮发麻,这似乎是他完全陌生的领域,第一次这样深度触达。

"这么讲吧,文章要写好,就要使用**写作手法**。就像一个人要变美,必须得打扮一番。"小雪姐姐解释道。

写作手法

写作手法是一个宽泛的概念,它包括表达方式、修辞手法、表现手法、结构方式。

"讲到这里,我们一起来复习一下吧!乐哈哈,你是否还记得表达方式是什么?"小雪姐姐冷不丁地问。

"表达方式嘛,就是在金街最先见到的那五朵花。分别是……是……记叙、描写、说明、议论、抒情!"乐哈哈顺利通关。

表达方式中的描写是赏析题中最常遇到的。

从描写对象上,包括人物描写和景物描写。

从描写角度上,又分为正面描写和侧面描写。

修辞手法和表现手法是学习中最常见的,相信你们都知道。

常见的修辞手法有:比喻、拟人、排比、反问、设问、对偶、夸张。

常用的表现手法有七种,分别是:

对比、衬托、象征、借景抒情、借物喻人、托物言志、欲扬先抑

"当然,除了这些常见的表现手法外,还有很多其他表现手法,希望小朋友们以后能多去探索。"

写作手法还包括结构方式。

开头段落开门见山,中间段落承上启下,结尾段落画龙点睛、卒章显志,并且常和开头段落首尾呼应。

中间的某些段落又会有照应关系,一些段落为后文埋下铺垫或伏笔。

另外还有详细安排,点面结合……

归根结底,赏析文章不仅是为回答一个问题,而是从中学会写作方法,并将它运用到实际写作中。学以致用,才是阅读的最终目的。

小雪姐姐一抬手,一片花瓣变幻出一篇文章——《顶碗少年》。

有些偶然遇到的事情，竟会难以忘怀，并且时时萦绕于心。因为，你也许能从中不断地得到启示，悟出一些人生的哲理。

这是二十多年前的事情了。有一次，我在上海大世界的露天剧场里看杂技表演。节目很精彩，场内座无虚席。坐在前几排的，全是来自异国的旅游者。优美的东方杂技，使他们入迷了。他们和中国观众一起，为每一个节目喝彩鼓掌。

一位英俊的少年出场了。在轻松优雅的乐曲声里，只见他头上顶着高高的一摞金边红花白瓷碗，柔软而自然地伸展着肢体，做出各种各样令人惊羡的动作，忽而卧倒，忽而跃起……碗，在他的头顶摇摇晃晃，却总是掉不下来。最后，是一组难度较大的动作——他骑在另一位演员身上，两个人一会儿站起，一会儿躺下，一会儿用各种姿态转动着身躯。站在别人晃动着的身体上，很难再保持平衡，他头顶上的碗，摇摆得厉害起来。在一个大幅度转身的刹那间，那一大摞碗突然从他头上掉了下来！这意想不到的失误，让所有观众都惊呆了。

台上，并没有慌乱。顶碗的少年歉疚地微笑着，不失风度地向观众鞠了一躬。一位姑娘走出来，扫起了地上的碎瓷片，又捧出一大摞碗，还是金边红花白瓷碗，整整10只，一只不少。于是，音乐又响起来，碗又高高地顶在了少年头上，一切重新开始。少年很沉着，不慌不忙地重复着刚才的动作，依然是那么轻松优美，紧张不安的观众终于又陶醉在他的表演之中。到最后关头了，又是两个人叠在一起，又是一个接一个艰难的转身。碗，又在他头顶厉害地摇摆起来。观众们屏住气，目不转睛地盯着他头上的碗……眼看身体已经转过来了，几个性急的外国观众忍不住拍响了巴掌。那一摞碗却仿佛有意捣蛋，突然跳起摇摆舞来。少年急忙摆动脑袋保持平衡，可是来不及了。碗，又掉了下来。

场子里一片喧哗。台上，顶碗少年呆呆地站着，脸上全是汗珠，他有些不知所措了。还是那一位姑娘，走出来扫去了地上的碎瓷片。观众中有人在大声地喊："行了，不要再来了，演下一个节目吧！"好多人附和着喊起来。一位矮小结实的白发老者从后台走到灯光下，他的手里，依然是一摞金边红花白瓷碗。他走到少年面前，脸上微笑着，并无指责的神色。他把手中的碗交给少年，然后抚摸着少年的肩胛，轻轻摇撼了一下，嘴里低声说了一句什么。少年镇静下来，手捧着新碗，又深深地向观众鞠了一躬。

音乐第三次奏响了！场子里静得没有一丝声息。有一些女观众，索性用手捂住了眼睛……

这真是一场惊心动魄的拼搏！当那摞碗又剧烈地晃动起来时，少年轻轻抖了一下脑袋，终于把碗稳住了。全场响起了暴风雨般的响声。

> 在以后的岁月里,不知怎的,我常常会想起这位顶碗少年,想起他那一次的演出,每当想起,总会有一阵微微的激动。

等小朋友们读完后,小雪姐姐开始讲解了:"评价赏析一篇文章的角度有很多。"

第一,可以评价赏析文章标题。

通过学习,我们知道对一个标题的赏析可以从五个方面展开。标题《顶碗少年》点明了写作对象,概括了文章的主要内容。

第二,可以评价赏析人物形象。

"表演失误后,少年经历了怎样的心理变化?从中看出少年是一个怎样的人?"小雪姐姐提出了问题。

小布头进行了分析:

这需要根据题干在文章中提取相关信息，要关注少年失败后的段落。在这篇文章中，少年共失败两次，在白发老者的鼓励下终于获得成功。第一次失败后，少年很愧疚。第二次失败后，他有些不知所措。这时，关键人物白发老者出现了。他的语言、动作，像一股神奇的力量注入少年的心中。这时，少年镇静下来。

由此，"愧疚""不知所措""镇静"这些原文中的词语完全体现出他失败后的心理变化。从这些词中可以看出，少年是一个敢于坚持，并且技艺高超的人。

"刚才小布头说老者是关键人物，那我们再来细读关于老者的片段，说一说作者使用了哪些描写手法？表现出老者怎样的人物特点？"小雪姐姐继续引导。

乐嘻嘻毫不示弱：

"矮小结实""白发"是对老者外貌的描写；"交给""抚摸""摇""说"是对老者动作的描写；"脸上微笑着，并无责怪的表情"是神态描写。

从这些描写中可以看出，老者是位沉着、宽容、和蔼的人。正因为如此，老者才对顶碗少年产生了很大的影响。

> 通过对人物的各种描写，分析评价人物的性格特点，是"评价赏析"的重要部分。

第三，可以评价赏析文章语言。

如这句话：那一摞碗却仿佛故意捣蛋，突然跳起摇摆舞来。请从修辞角度进行赏析……

这个问题可问到乐哈哈的心里了，他赶紧抓住机会：

"这个句子一看，就知道是运用了拟人的修辞手法，'跳摇摆舞'生动形象地写出碗摇得很厉害的样子，也能够看出顶碗表演难度很高，更能衬托出少年的技艺高超。"

小雪姐姐对乐哈哈的回答很满意。

第四，可以评价赏析文章写法。

"文章中对前两次失败的顶碗过程描写得很详细，但对第三次成功的顶碗过程却描写得很简略。这样写有什么好处呢？"

小朋友们一时愣住了，不知道怎么回答。

"这样写有点反其道而行之，正常情况下会略写失败经历，详写成功经历。作者详细描写前两次失败，是为了表现少年在失败后的心理活动，体现少年的人物特点。略写第三次成功的过程，是避免与前两次详写重复。这样安排，文章详略得当，层次鲜明。"小雪姐姐解释道。

小雪姐姐总结了前面学习的所有赏析评价的知识，这也让乐嘻嘻感受到分别正在悄悄来临——总结，就意味着学习要告一段落了。小雪姐姐和他们年龄相差最小，因此说话更为投机，离愁别绪也会更深。

果然，小雪姐姐说道："火街的通关方式比较特别。各位小朋友，你们需要持一根菩提树枝，点亮悦心园供火台的灯烛。如果你们已经掌握了关于鉴赏评价的知识，那它产生的能量就足以让菩提树枝燃烧起来。反之，菩提树枝只是一截呆呆的木棍。"

三个小朋友持着树枝忐忑地靠近供火台，乐哈哈紧张地闭上了眼睛。菩提树枝先是燃起一缕青烟，然后越来越亮，一小团火苗逐渐生起。仿佛它的顶端，藏着一个打火机一样。他们赶紧把灯烛点着，那光亮瞬间弥漫开来，他们看到了另一个神奇的地方。

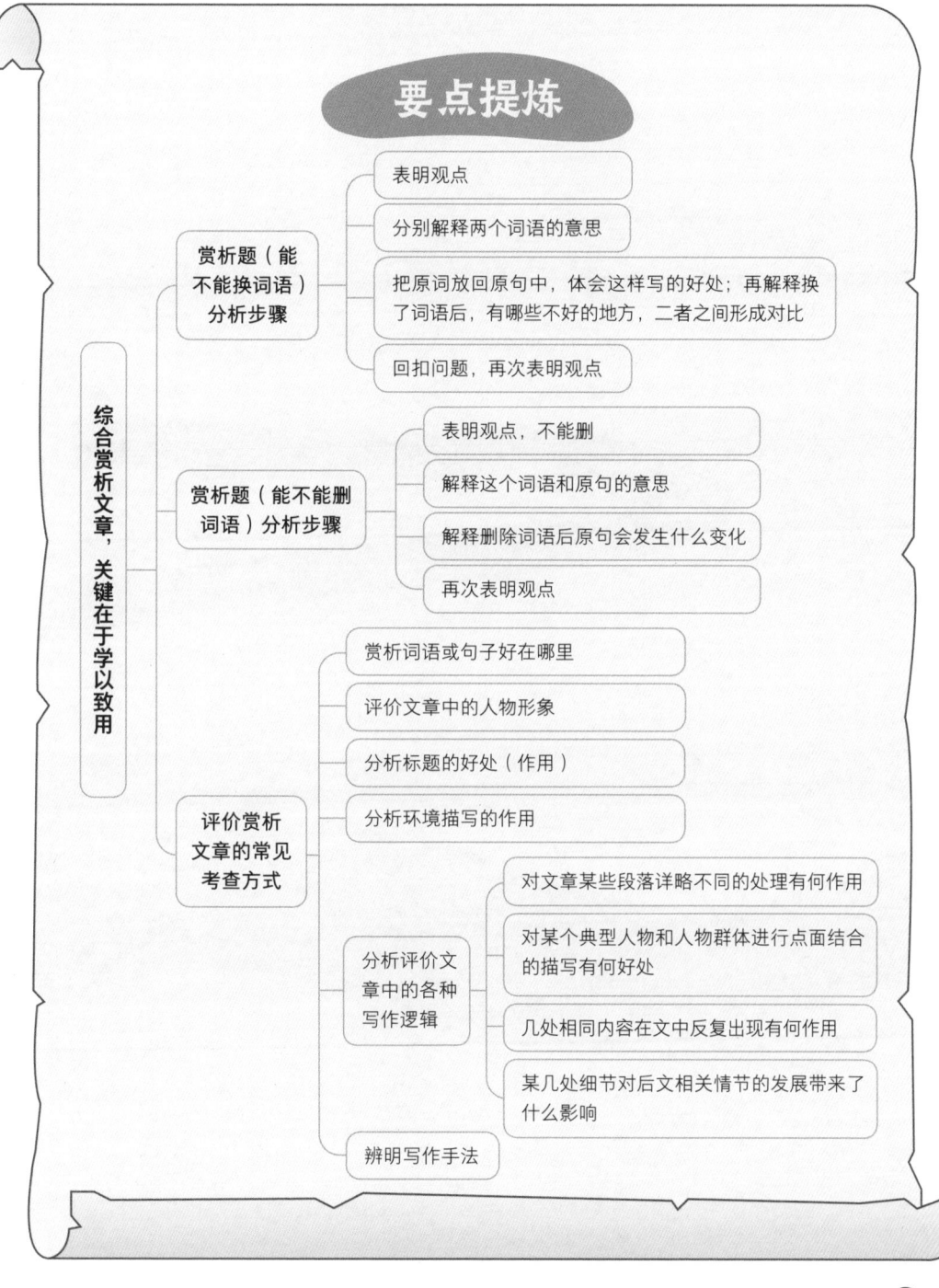

赴约
"评价鉴赏官"

叫好不能"叫好",
要体会文章写法的精妙

03

02

01

讨教
"获取信息官"

练就火眼金睛,
精准提取有效信息

拜会
"整体感知官"

站高点看文章,
全面厘清层次结构

04 寻访"形成解释官"

解释形成原因,
读懂文章万千可能

05 拜师"创意运用官"

联系生活实际,
轻松实现读写一体

解释关键词语，考试没字典你也有办法

木街短且蜿蜒,两旁密集地立着古老的木质建筑。屋檐斜挑,上面雕刻着神秘的符号和花纹,岁月更迭,这些雕刻已经斑驳模糊,但依然透露出当年匠人付出的心血与智慧。

建筑的窗棂间悬挂着彩绣帷幕,微风吹过时轻轻摇曳,仿佛在述说着古街的故事。路面铺着青石板,被车马压出了深深的车辙,时不时传来悠扬的水车声和市井喧嚣。

木街的尽头矗立着一座宫殿,宫殿的墙壁是用乌木和雕花砖砌成的。宫殿正门上方悬挂着一块匾额,"形成解释官府"几个大字镶嵌在其中,显得格外恢宏。因为要不断地为文章城的子民解释各种事宜,这座宫殿里时常人满为患,争吵不休。

但"形成解释官"总是很有耐心,不紧不慢地回答着人们的各种疑问。阳光透过窗户洒下来,在他的白发上留下斑驳的光影。他的目光温和而明亮,手中握着印章,表情中带着一种深沉与从容。

不过,事情总是那么不凑巧,乐嘻嘻与乐哈哈来到这座宫殿敲了好久的门,里面都没有回应。

"咦,主人是不是不在呢?"乐哈哈踮脚四下张望,但看不到任何人。

"这里有张纸,快看!"乐嘻嘻从门环处发现了一张小纸条:

> 待在家里真没意思,
> 还是酒馆有意思。
> 端起酒杯意思意思,
> 老友说我不够意思。
> 那我就不好意思了,
> 三瓶五瓶是小意思,
> 朋友说我真有意思。
> 看官要是能解释清什么意思,
> 我就把毕生所学传给他。
> 老夫出门喝酒,
> 解释清意思大门自会开启。

这么多"意思",到底是什么意思?

其实并不难解,我们先看前两句。"没意思"就是指家里没趣,因此找了个有趣的地方——酒馆,第一句中的"意思"是指有趣。

第二句中的"意思意思"就是少喝点,生活中大人经常这样说。但你喝得少,别人就觉得你不够真诚,所以"不够意思"就是不够真诚。

既然如此,就得多喝一点,第三句中的"不好意思"是恭敬不如从命,开怀畅饮,所以三瓶五瓶完全没有问题。"真有意思",朋友可能想表达你既然酒量这么好,为什么刚开始还遮遮掩掩呢?

这么多"意思",意思都不同,汉语真是博大精深啊!看来,"形成解释官"的徒弟可不好当!

不过,我们已经完成解释了,应该有拜师资格了吧!

正说着，宫殿大门徐徐开启，小朋友们高兴地进了宫殿，兴奋地东瞅瞅西看看。他们在参观宫殿时，发现正殿的前面挂着五个布袋，上面分别写着：

这是什么意思呢？小朋友们围着这几个布袋七嘴八舌。讨论间，一位白发苍苍、面目慈祥的老者从大门外走进来。他笑眯眯的样子，令小朋友们一见就心生亲近之感。

"小朋友们好啊，早听小雪姑娘说你们要来，老夫心里可乐开了花！有这么一群小伙伴陪着我，那以后我得过得多开心啊！"老者捋着花白的山羊胡须，笑眯眯地看着眼前这群小朋友。

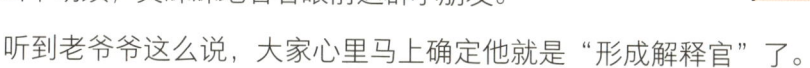

听到老爷爷这么说，大家心里马上确定他就是"形成解释官"了。

乐哈哈指着布袋说："爷爷，上面的这五个布袋代表什么意思呢？"

"作为'形成解释官'，我一直是围绕着文章的这五个方面作解释。今天，我先来教教你们怎么解释文章中的关键词语吧。在读一篇文章时，你们是不是经常遇到不懂的词语？做阅读理解题时，也会让

你们解释关键词语的意思。如果是平时练习,可以翻阅字典。到考试的时候身边没有字典,那该怎么办呢?"爷爷问。

"凉拌呗。"有人打趣地说。

"不不不,找爷爷好好学习嘛!"乐哈哈可会哄人开心了!

爷爷的笑意果然更深了,从"关键词语"布袋里面掏出锦囊。

解释词语第一招:近义词解释法。

近义词解释法

所谓近义词解释法,就是用两个或两个以上的同义词解释一个词语。

如"她终于把作业写完了",这个句子中的"终于",近义词是"总算、最终、最后",因此可以用这几个词语来解释。

我是不是可以理解为给这个词语找个替身,和它长得很像,别人又能读懂?

爷爷笑着肯定了他的说法。

反义词解释法

如果要解释的词语是一个形容词,可以找到它的反义词,在前面加"不"字解释本词。

解释词语第二招:反义词解释法。

如"通往山顶的小路非常崎岖"中的"崎岖",反义词是"平坦",解释时可以在前面加"不",即"不平坦"。

词语解释第三招:拆字解释法。

拆字解释法

当一个词语中有两个或两个以上的字时,可以把词语分开,给每个字分别组词或解释,然后再把每个字组成的新词或含义连起来,组成这个词的意思。

04 寻访"形成解释官"

比如"深情","深"字可以组词为"深厚","情"字可以组词为"感情",合并起来就是"深厚的感情"。

再如"疾驰","疾"是"飞快"的意思,"驰"是"奔跑",合起来就是"飞快地奔跑"。

词语解释第四招:联系上下文解释法。

联系上下文解释法

相同的词语在不同的语境中,意思是不一样的。解释词语时,一定要联系上下文。

比如,解释下面这段话中"权威"的意思。

美国福特公司有一台大型电机发生故障,工程师们会诊三个月都没有结果,只好请来了权威人士威斯坦因·梅茨到场。他经过反复计算后,在电机的一个部件上画了一条直线,说:"把画线处的线圈减去十六圈。"工程师们照办后,机器果然运转正常。

"如果用拆字解释法,'权威'可以解释为权力、威势。"乐哈哈读完这一段话后,立即现学现用。

爷爷摸摸他的小脑门,说:"在这句话中,这个词不能这么解释。你想想看:机器坏了,本来就够窝火了,还要找一个有权力、有威势的人来教训人吗?肯定不是这样的。"

乐哈哈嘟着嘴质疑:"那刚才学的拆字解释法岂不是不管用?一用就错!"

"所以要学习第四招嘛!我们再仔细读读这段话,想一想:威斯坦因·梅茨先生来到福特公司后,只画了一条直线就解决了工程师们三个月都没有解决的问题,那么他在电机修理行业处于什么位置?"

牛人!

专业!

有说服力,有威望!

以后有疑难杂症,就找他!保准可以!

没错!所以,"权威"在这里是指具有使人信服的力量和威望,在某种范围内有地位、受人尊敬的人。

描述解释法

描述解释法就是用一段话描述一个词所表达的意思、使用的范围,以及这个词的其他用法、深层含义等。

词语解释第五招:描述解释法。

如"她终于把作业写完了"这个句子中的"终于",如果用一小段话来描述,就是用了很长时间,花费了很多精力,最后完成了某件事情。用描述解释法时,说得越周全越好。

乐哈哈脸上显出不屑的表情:"我不喜欢这种方法,要写好多字呢!而且还写得不一定对!"

爷爷被他可爱的样子逗乐了,说道:"你可别挑三拣四了,关键时候这种方法可是会起大作用的。当然,如果一个词语能用多种方法解释,你选择自己最擅长的方法就可以了。现在我要来考考你,看你能不能解释下面这几个词语。"

黄澄澄的柿子晶莹透亮,令人垂涎欲滴。苗寨的小伙子、大姑娘能歌善舞,每当夜幕降临,他们就会载歌载舞,用山歌来表达对生活的热爱。

一看到"垂涎欲滴",我的脑中就浮现出一幅画面——哈喇子从嘴角边流下,眼睛直勾勾地盯着食物。因此,我可以用描述解释法来解释:看到黄澄澄的柿子,馋得口水都要流下来了。

也可以用拆字解释法。垂下来的口水将要滴落。但是"载歌载舞"我就不会用拆字解释法了,因为我不知道"载"是什么意思。

看来还得用描述解释法,小伙子、大姑娘一边唱着歌一边跳着舞。

乐哈哈刚刚还说不用描述解释法,很快就自己推翻了自己。

发现了吗?解释一个词语可以用多种方法,每种方法都能派上用场。灵活使用这些方法,才能更好地解释词语哦!

要点提炼

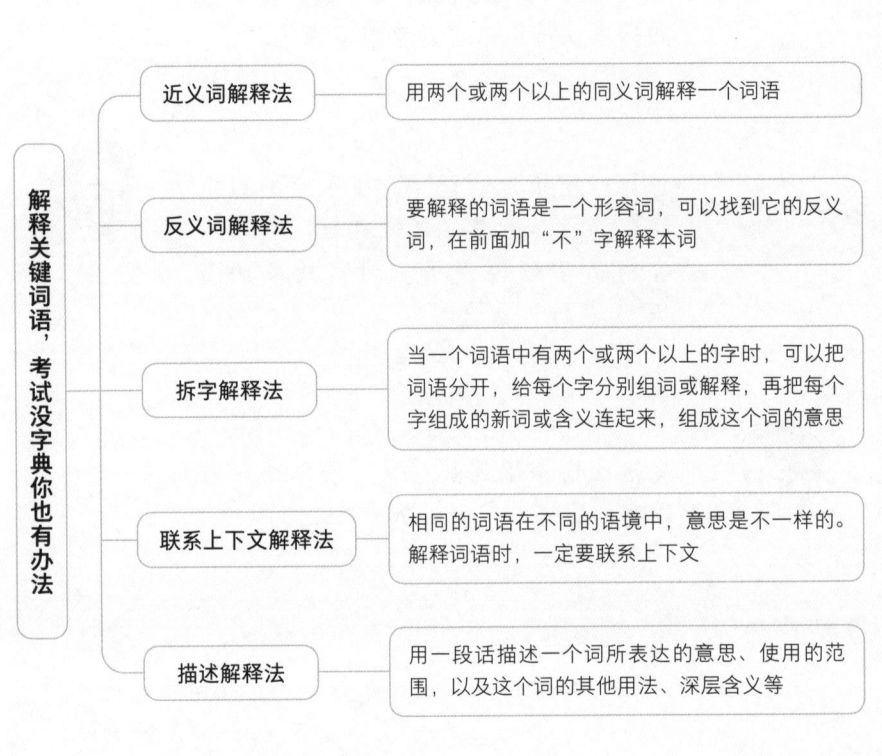

解释关键词语，考试没字典你也有办法

- 近义词解释法 —— 用两个或两个以上的同义词解释一个词语
- 反义词解释法 —— 要解释的词语是一个形容词，可以找到它的反义词，在前面加"不"字解释本词
- 拆字解释法 —— 当一个词语中有两个或两个以上的字时，可以把词语分开，给每个字分别组词或解释，再把每个字组成的新词或含义连起来，组成这个词的意思
- 联系上下文解释法 —— 相同的词语在不同的语境中，意思是不一样的。解释词语时，一定要联系上下文
- 描述解释法 —— 用一段话描述一个词所表达的意思、使用的范围，以及这个词的其他用法、深层含义等

解释重点句子，五个步骤啃最硬的骨头

"爷爷，爷爷，还有一个重要的问题，今天您一定得教教我。在阅读理解中，不仅要解释关键词语，还要解释重点句子，这类题几乎每次都会考到。我就像一只惊弓之鸟，越怕它越容易出错，越出错越怕它。"乐哈哈愁得都快哭了。

"理解语句是阅读理解的主要任务，它与赏析句子有交叉之处，但以理解含义为主。语句理解考查的方式比较灵活，规律性不强。很多同学遇到都会发懵，理解的角度各种各样，到底什么样的'理解'才是考试中需要的理解呢？"

爷爷把小朋友们带到第二个布袋面前，不紧不慢地从里面掏出一个精致的锦囊，缓缓地进行解释。

句子的含义分为两种，一种是表层含义，另一种是深层含义。表层含义是指句子字面上的意思，而深层含义是指句子在语境中的意义。但凡让我们理解的句子，必然是有深层含义的。

爷爷，我连句子的表面意思都理解不了，哪还能知道什么深层含义呢？我总不能钻到书里看看吧！

水街的"整体感知官"婆婆应该给你们讲过文章的主题,你们还记得吗?

小朋友们默默点头,心里却在想:为什么又扯到主题上了呢!

主题是文章的"幕后老大",体现着作者的写作意图。它是作者想要表达的思想情感,想要告诉人们的道理启示,想要塑造的人物形象,或者作者的理想追求。它虽然不常露面,但要读懂一篇文章可时时处处都少不了它。

作者写作时,一定会把主题暗含在句子之中。因此,理解句子的深层含义,其实就是要理解作者想要告诉我们的道理、情感。

果然,主题这个"幕后黑手",到哪都阴魂不散啊!水街我遇到过它,金街我遇到过它,火街我还遇到它,现在在木街又遇到它,它是不是潜藏在文章城中的各个角落呢?

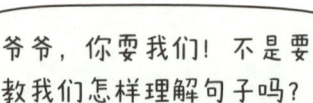

但是，老夫要告诉你们一个惊天秘密——在这个世界上，根本就没有理解句子的题！

爷爷，你耍我们！不是要教我们怎样理解句子吗？

你们想想看，那个要理解的句子，是整个句子都很难吗？还是其中有个别关键的词语很难？

小朋友们都选择了后者。

关键词

　　理解句子，其实理解的是句子中的关键词。但不是所有的词都是关键词，一个句子中，往往说明道理的、抒发情感的、表现美感的、蕴含深意的词语才叫关键词。

"小明无奈地笑了",这句话中的关键词是哪个?

"无奈"和"笑"是关键词吧!这二者有矛盾。一般情况下,如果是无奈,就不会笑了。因此我们要来解释小明为什么无奈?又为什么笑?

你说得没错。但句子终究是句子,理解句子时,还是要整体回观句子。也就是把关键词的意思放到整句中去分析,揣摩作者想要表达的意图。

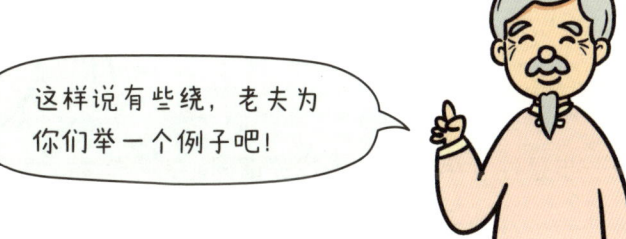
这样说有些绕,老夫为你们举一个例子吧!

来看这句,"有的人活着,他已经死了;有的人死了,他还活着"。

这句话出自诗人臧克家的诗《有的人》,是诗人为纪念鲁迅先生逝世13周年而写的,因此副标题是"纪念鲁迅有感"。

这首诗不只是单纯地写对鲁迅先生的怀念,而是通过反动派与鲁迅先生截然相反的对比,歌颂鲁迅先生为人民无私奉献的可贵精神,号召人们做真正有价值并且具有无私奉献精神的人。

"这句话中,'活'和'死'是关键词。分号前面的'活'是指人的身体活着,'死'是指他的灵魂死了;分号后的'死'是指他的身体死了,'活'是指他的精神、灵魂活着。"乐哈哈先找到关键词。

"把关键词的意思放在整个句子中去理解,应该是:有的人身体活着,但他的灵魂已经死去。有的人虽然肉体死了,但他的精神、灵魂还活着。这句诗其实是赞扬像鲁迅那样的人,他们虽然死去多年,但精神仍旧影响着世世代代的人。"爷爷把这句话完整地解释了一次。

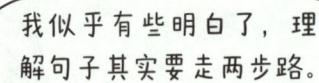

我似乎有些明白了,理解句子其实要走两步路。

第一步是往"小"走,先找关键词。

第二步是往"大"走,从一个句子联系到一篇文章的主题。

因此,理解句子不只是理解句子,而是理解整篇文章的中心思想。

对!现在老夫把理解句子的五个步骤为你们总结一下,这可是破解句子的必杀技,各位小朋友一定要记住了哟!

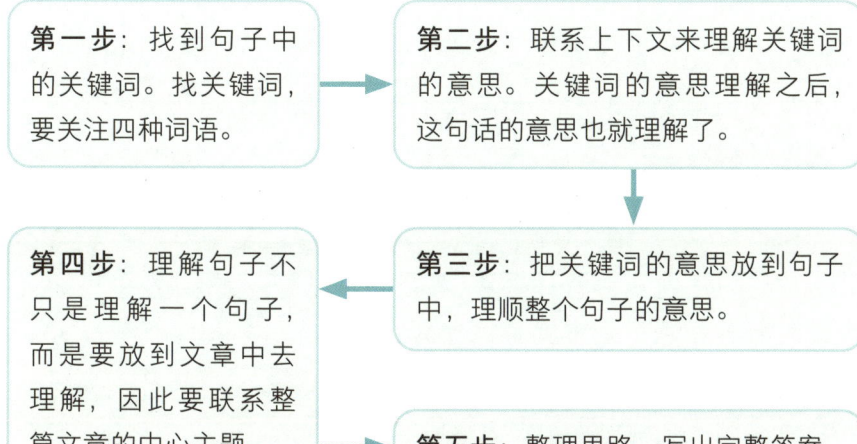

看到小朋友们把步骤工工整整地记录下来，爷爷拿出一篇文章对他们说："现在，我可得考考你们啦！请理解这篇文章中最后一句话的意思。"

明亮的眼睛

小群是个双目失明、失去母亲的苦孩子。他懂事后便知道，自己没有福气如别的孩子一般观赏世界的五彩缤纷，但他非常热爱这个世界，因为他有一个细心的父亲，父亲就是小群的眼睛。

很小的时候，父亲让小群触摸柔软的凉凉的东西，说："这是水，可以流动，长江、黄河和大海都是这样的水组成的，水多了便浩荡奔腾，可以发出震耳欲聋的声音。"不久，小群真的由父亲和父亲的一位朋友带到海边去玩，父亲还教会了小群游泳。

难度最大的是向小群解说颜色。小群生下来就面对着一个黑暗的世界，怎么让他理解这个世界的五光十色呢？比方给他解释红色：太阳就是红色的，它发光，能把黑夜变成白昼；它发热，在寒冷的冬天也能把人晒暖和……经过这样的循循善诱，小群才逐渐有所领悟。

以后，虽然父亲也这样反复地给小群讲解天空的蓝色、大地的黄色、植物的绿色，但是小群只对同光和热有联系的红色情有独钟。

渐渐地，小群觉得世界不是陌生黑暗的，而是熟悉多彩的。他懂得世界上有许多用不着看便能感受到的事物。

可是有一次，小群真生父亲的气了。那次，小群让父亲买个红色的米老鼠书包，当书包买回来小群背着上学的时候，一位阿姨赞赏地对小群说："这个绿色书包可真漂亮！"小群回家便对父亲喊："爸爸，我让您给我买红书包，您怎么给我买绿色的呢？您知道我看不见便骗我！"说着，小群便哭了起来。

父亲听了，愣住了，半天没吱声，过了好一会儿才为小群擦眼泪，说："爸爸对不起你……那天买书包时，售货员说

只剩这一个米老鼠的书包,所以绿的也买下了……"小群感觉到爸爸用他那慈爱的大手抚摸着自己的脸庞和头发,就在那一刻理解了爱。

时光就这样慢慢地流过,当小群学会了按摩,能够自食其力的时候,父亲却突发脑溢血去世了。父亲的匆匆离去让小群痛不欲生。小群想,今后谁还能做我的眼睛呢?

然而,就在父亲的追悼会上,小群听到了一句话,这句话犹如红太阳的光芒照亮了小群的一生。一位叔叔在追悼父亲时说:"作为一位双目失明的人,他让我们每一个结识他的人都从他身上汲取了力量和勇气……"

就在这一刹那,父亲对生活、对自己的那份热爱和勇气仿佛一下子全贯注在了小群身上。"父亲呀,"他默默地祈祷,"我会长出一双明亮的眼睛的,就在我的心上!"

第一步,要找到句子的关键词。我认为,关键词是"长出一双明亮的眼睛"。

"我能肯定的是,小群不会真的长出一双明亮的眼睛。但读完这篇文章后我知道,充当小群眼睛的是带他认识这个世界的父亲。他的父亲虽然是个盲人,但目盲心不盲。他对生活充满的热爱教会小群坚强地生活下去。因此,'明亮的眼睛'就是对生活积极乐观的态度。"乐哈哈感觉自己找"关键词"越来越拿手了。

因此,这句话就可以这样来理解:小群从他的父亲身上学习到对生活的热爱,拥有独立面对困难的勇气。有这种精神,就好比有了一双明亮的眼睛。

如果要联系主题嘛,我觉得作者是想要告诉读者:即使身体有残缺,但只要有积极乐观的心态,也可以拥抱这个世界。

这样一综合,这个句子就被我们理解得入木三分啦!小朋友们,你们果然厉害!

"形成解释官"捋着他那把长胡子,笑哈哈地说。

要点提炼

解释重点句子，五个步骤啃最硬的骨头

- 第一步：找到句子中的关键词
  - 说明道理的词语
  - 抒发情感的词语
  - 表现美感的词语
  - 蕴含深意的词语
- 第二步：联系上下文 —— 理解关键词的意思
- 第三步：把关键词的意思放到句子中 —— 理顺整个句子的意思
- 第四步：联系整篇文章的中心主题 —— 理解句子不只是理解一个句子，而是要放到文章中去理解
- 第五步：整理思路 —— 写出完整答案

解释文章标题，要找到"包子皮"和"包子馅"

"小朋友们,你们想一想,除了解释关键词和重点句子,在阅读一篇文章时,还会让你们解释什么呢?"爷爷提出了新的问题。

乐嘻嘻和乐哈哈低头冥思,突然间,乐嘻嘻叫道:"对了,还会让我们解释标题的含义!在阅读理解中,还会这样考我们,'请你谈谈对标题的理解'。"

"对对对!"乐哈哈附和道,"这个问题也真是难回答!"

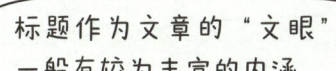

标题,通常被称为文章的"眼睛",既然是"眼睛",那一定是对文章主要内容的提炼概括。因此,正确理解文章的标题有助于我们读懂文章,把握文章的主要内容和感情基调。

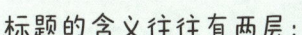

标题作为文章的"文眼",一般有较为丰富的内涵。

标题的含义往往有两层:
- 第一层是表层含义,是标题的本义、字面含义和文中的内容,读者通过阅读文本能够直接找到或快速理解。
- 第二层是深层含义,也就是标题的引申义、比喻义或象征意义。说到深层含义,又不得不说到文章的中心主题了。要解释深层含义,必须与文章的中心主题联系起来。

"又是中心主题,它果然是'幕后老大'啊,文章哪哪都和它脱不了干系!"乐哈哈嚷嚷着。

"学而时习之,不亦说乎。你们是否还记得文章的中心主题是什么?"爷爷问。

因为在文章城各个地方的学习都遇到过"主题",小朋友们记得还是很清楚,不约而同地说:"中心主题是作者想要表达的思想情感,想要告诉人们的道理启示,想要塑造的人物形象,或者作者的理想追求。"

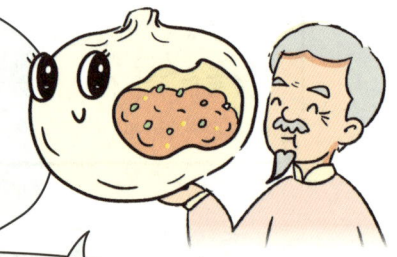

非常好!结合中心主题理解标题,才能更深入。而且,但凡在阅读中让我们理解的标题,一般都是有深层含义的。如果标题非常简单,一眼就能看透,出题人也不会让我们来回答了。

就像我们吃包子,你会强调吃韭菜馅还是肉馅,因为馅儿才是核心,是你关注的重点内容。

乐哈哈挠着脑袋,不好意思地说:"那您能不能举个例子,详细讲讲如何解释标题的深层含义啊?光听您这么说,我还是有些发懵!"

爷爷从文章标题的布袋里拿出一张纸,上面是一篇题为《爸爸的花儿落了》的文章。

这篇文章乐哈哈和乐嘻嘻都读过，它是林海音写的一篇自传体小说，选自《城南旧事》。作者要去参加小学毕业典礼，但她的爸爸生病了不能来。她必须像大人一样，独自去做很多事情。当她把发下来的小学毕业文凭拿回家去给爸爸看时，却得知爸爸已经在医院去世了。文章写到一个场景：

> 进了家门来，静悄悄的，四个妹妹和两个弟弟都坐在院子里的小板凳上，他们在玩沙土，旁边的夹竹桃不知什么时候垂下了好几枝子，散散落落地很不像样，是因为爸爸今年没有收拾它们——修剪、捆扎和施肥。
>
> 石榴树大盆底下也有几粒没有长成的小石榴，我很生气，问妹妹们：
>
> "是谁把爸爸的石榴摘下来的？我要告诉爸爸去！"
>
> 妹妹们惊奇地睁大了眼，她们摇摇头说："是它们自己掉下来的。"

"如果读过这篇文章，标题的表层含义就很容易理解——爸爸种的夹竹桃凋谢了。而夹竹桃象征着爸爸，花儿凋谢隐喻着爸爸去世，同时也预示着作者长大了，这也是标题的深层含义。"爷爷解释道。

在解释标题含义时,既要解释它的表层含义,即字面意思、文章内容;又要解释它的深层含义,即比喻义、象征义。

包子皮和包子馅,可都得落到肚子里呢!

爷爷赞许地点点头,拿出一篇文章交给几个小朋友,并问:"读完文章后,请你们来说说这篇文章为什么要用'藏在心中的鲜荔枝'为题?"

藏在心中的鲜荔枝

小时候,我很不懂事,爷爷一生病,家里人都急得团团转,只有我最开心。因为来看望爷爷的叔叔阿姨时常会留下一些奶粉、罐头之类的"好东西",爷爷又总是说:"我不爱吃。"于是这些好吃的便成了我的"囊"中之物。可8岁时由吃引起的一件事却给了我很大的触动,使我的思想感情也发生了变化。

这一天,爷爷又病了,咳得厉害。姑姑拎着一大袋东西来看他，"准是又有好吃的啦！"我想着，便偷偷地藏在爷爷卧室的门外看。果然，姑姑边说边剥给爷爷吃。那晶莹的荔枝肉馋得我直流口水，可惜就在这时我被妈妈叫走了。

回来时，姑姑已经走了，爷爷知道我最爱吃鲜荔枝，就招呼我说："小琴，来，来，这个爷爷不爱吃，你拿去吃吧！"我感到奇怪，便问道："爷爷，刚姑姑不是说您最爱吃荔枝吗？""噢……爷爷以前爱吃，如今不……不爱吃啦！"太棒了！不管三七二十一，我狼吞虎咽地大吃起来，爷爷在一旁默默地笑着看我吃。

当荔枝所剩无几时，妈妈给爷爷端饭来了。见此情景，她怒不可遏地呵斥道："小琴，你怎么把爷爷最爱吃的鲜荔枝给吃了？"说着就将剩下的几个荔枝夺了过去，放在了爷爷的床边。听了妈妈的话，我委屈地哭了。爷爷赶紧说："没关系，我……我不爱吃……"

我低着头走出了爷爷的房间，这时我才明白，并非爷爷不爱吃，而是因为他爱我远胜于爱那串鲜荔枝！从这时起，我心中便藏下了这串鲜荔枝。

以后，我发现身边有许多像爷爷那样的人，他们以种种"不爱，不喜欢"为借口，把优势让给了我。而我也不再像小时候那样不懂事。我也学会了"扯谎"，告诉他们：我也不喜欢，给您吧！

一串鲜荔枝，使我明白了许多道理。

乐哈哈特别享受率先发言的感觉,因此拔得头筹。

这是一篇叙事类文章。主要写了爷爷用善意的谎言,把荔枝让给"我"吃。那标题的表层含义就是:爷爷给"我"的鲜荔枝深深地刻在"我"心里。

理解标题的深层含义,要联系文章的中心主题。我认为这篇文章的中心主题是爷爷用荔枝表达对小琴深深的关爱,另外作者想告诉人们,既要感受别人的爱,还要用"善意的谎言",关爱身边的亲人。

所以这个标题的深层含义,应该是"我"把爷爷对"我"的爱深深记在心里,把通过这串鲜荔枝学到的道理深深记在心里。

  乐嘻嘻毫不客气地瞟了他一眼,那眼神分明在说:要你多嘴?你聪明是吧?
  爷爷对他们的解答很满意,并做了小小的补充。

"如果是要回答'为什么以此为题',不仅要解释标题的含义,还要分析标题的作用。"

"你们还记得火街'评价鉴赏官'关于标题赏析的独门秘籍吗?"

"这个嘛……"乐哈哈不好意思地吐吐舌头,他又全盘还给小雪姐姐了。

"似乎是'五朵金花',有概括全文内容,暗示或揭示文章的主题,贯穿全文,是全文的线索……"乐嘻嘻也说得结结巴巴。

"好像还有形式上设置悬念,吸引读者,或者运用修辞或表现手法,突出主题吧!"小布头思考着补充,终于凑齐了"一个手掌"。

"温故而知新,可以为师矣。小朋友们可要经常复习哦!上面文章的标题既概括了全文的主要内容,又设置了悬念,让读者产生阅读兴趣,是一个很不错的标题呢!"爷爷最后解释道。

小朋友们都在往前翻着笔记,似乎要把还给别人的东西再默默要回来……

要点提炼

解释文章标题,要找到「包子皮」和「包子馅」

- 标题的含义
  - 表层含义：标题的本义、字面含义和文中的内容
  - 深层含义：标题的引申义、比喻义或象征意义
- 解释标题的步骤
  - 根据文章内容，先解释词语的表层含义
  - 联系文章的中心主题，再理解标题的深层含义
- 回答"为什么以此为题"的方法
  - 先解释标题的含义
  - 再分析标题的作用

解释人物情感，透过言谈举止读懂内心

04 寻访"形成解释官"

爷爷的时间安排得很紧张，除了到小酒馆喝酒之外，他的宫殿里经常会有各种各样的人进出，问他奇奇怪怪的问题。这不，爷爷刚刚给小朋友们讲完如何解释标题，正准备休息一下，就看到一位妇人带着她的孩子，跨进殿门。

"您可得帮帮我呀！"妇人一脸忧愁，被拉着的孩子小声地抽泣着。

爷爷把小男孩搂在怀里，和颜悦色地问："别着急，说说看，怎么回事？"

"孩子他爸从昨天开始就坐在桌子前，要么不断地捏手指，要么不停地敲桌面。他额头紧锁，眉头微皱，神情严肃，一直在叹气或深呼吸，试图让自己冷静下来。而且他一天都没有说话了。我问了他很多遍，他要么摇头，要么淡淡地笑一下。那笑，别提有多勉强无力了。今天我走时，他还在那里托住下巴，呆呆地望着外面……您说，他是遇到什么大事啦？"

"爷爷，我爸爸的头发乱糟糟的，眼睛红红的，胡子一大圈，他可从来都没这样过啊！"小男孩说完，眼泪又掉出一大颗。

爷爷沉吟着说："出现这种情况，一定是遇到了比较大的坎儿过不去。你们想想，你们家最近有什么大事情吗？他在工作上遇到什么困难了吗？或者是被领导批评了？"

妇人低头苦思,突然眼前一亮,说道:"昨天他回家时拿回一个文件夹,越看神色越凝重。是不是这文件夹有什么问题?"

"很有可能,说不定这里面藏着什么秘密呢!你得好好和他聊聊。"爷爷开导着。

那妇人又说了些话,便带着孩子走了,留下满脑袋问号的小朋友立在原地。

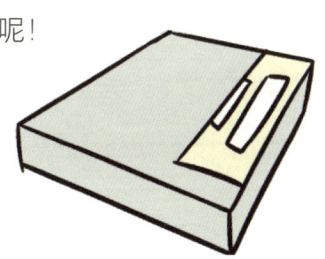

爷爷,您快说说,您是怎么猜到的?

社会上有一门学问,叫读心术。简单来说,就是通过观察对方的动作、表情,猜测其心理活动。你们听这位妇人的描述,她丈夫"额头紧锁""一直叹气",肯定是有大事发生,但又不好和家人说。

原来如此!俗话说"人心隔肚皮",如果我们能学会这门读心术,岂不是方便多了?爷爷,您有这样的绝招,为什么不早些教给我们啊!

您是不是担心教会徒弟,饿死师傅呢?

看着兄妹俩一唱一和，爷爷被他们的可爱模样逗得直乐。他耐心地说道："凡事要循序渐进，不要着急嘛！前两天我们学习了解释关键词语、重点句子、文章标题，今天爷爷来教你们如何去解释人物情感。"

事实上，我们不仅要在生活中去揣摩人物内心的想法，在阅读一篇文章时，也会遇到这样的问题：根据上下文去揣摩某个人此时的心理活动，或者根据想象，把某个人的心理活动写下来。这类问题虽然出现得不多，但呈上升趋势。因此，是非常有必要学习的。

小朋友们立即拿出笔记本，准备开记了。爷爷从"人物情感"的布袋中掏出一个小锦囊，上面赫然写着"揣摩人物心理"的四个步骤：

1

第一步：通读全文。

整体感知文章的主要内容。

2

第二步：锁定场合。

人物所在的场合不同，心理也会有所不同，所以，找准人物所在的场合非常重要。

3 第三步：关注言行。

要特别注意人物的表情与动作，很多时候，人物的心理会通过表情与动作进行体现，有时通过说话的语气，也能揣摩人物的心理活动。

第四步：联系自身。 **4**

文学作品来源于生活，文章中的人物往往是现实生活中人物的写照，他们与我们的感情是相通的。在揣摩人物心理时，一定要联系自己的生活经验，学会共情，才能真正走进人物的内心世界。

"现在，请大家阅读这个片段，看看你们能不能一眼看穿主人公的心理？"爷爷把一段文字交给小朋友们。

那时候的月饼包装很简单，月饼用油纸包裹着，剥开油纸，就能看到黄澄澄、油亮亮的月饼了，上面还沾满香喷喷的芝麻。掰开月饼，冬瓜条、花生仁、核桃仁等馅儿就露了出来，看着就让人垂涎欲滴。迫不及待地咬一口，甜甜的、香香的、酥酥的。吃的时候，一只小手小心地在下巴下托着，吃完了再把掉到手心里的渣一点点舔掉。但是，那个时候家里穷，能吃这样的一个月饼是很奢侈的。

你们来猜猜这位小朋友吃月饼时是什么样的心理?

这段文字虽然只是一个片段,但可以看出那个年代食物很匮乏。中秋节吃月饼对于孩子们来说,是件很奢侈的事。

从动作上,可以看出他的爱惜之情。如"一只手在下巴下托着",这样做是为把吃掉下来的月饼渣也接住,最后把渣也舔完。"托""舔"两个字太生动啦!

"看到这段文字,我就想起第一次吃肯德基的情景。那炸鸡异常好吃,吃完后我把手指都吮吸了好几遍,一点味道都不想流失。"小布头舔着嘴唇,似乎还在回味那令他入迷的味道。

"所以,作者当时在想:好不容易才吃个月饼,我可一点儿都不能浪费。不行不行,我得吃得慢一点,让美味多停留一会儿。可我又怎么能控制得住呢?这月饼实在是太好吃啦!"乐嘻嘻绘声绘色地边演边说,活脱脱一个憨态可掬的"馋虫"模样。

爷爷也被乐嘻嘻逗乐了,和这样可爱的小朋友在一起,成天被各种问题缠身的爷爷此时别提多自在啦!

于是，他开始耐心地提点小朋友们。

第一，阅读文章时，要注意题目中要求用第几人称。题目有时要求用第一人称，有时要求用第三人称，回答时必须注意这些小细节。

第二，尽量使用描述性语句，不用概括性语句。

第三，在写人物心理时，一定要注意人物的性格、身份、年龄、职业。不同的人在特定的环境下，心理活动是不一样的。

第四，回答时运用"事件+心理"的方法来阐述。

等小朋友们从笔记本中抬起头来，爷爷又说："不管是在现实生活中，还是在一篇文章中，人物的心情都会变化。所以阅读一篇文章时，经常会出现这样的题：结合全文，分析主人公的心理发生了哪些变化……"

> 如此来讲，人物至少要有两种心理。心理发生变化，说明他所经历的事情也在变化。

> 是的。人物心理是随故事情节而变的。我们来读读这个片段，相信你们会有更深的感悟——

放学后，饥肠辘辘的我走在回家的路上，一低头，发现脚下踩了一张100块钱。

我心想，要是捡起来拿去买我爱吃的小笼包，可以吃多饱呀！但是转念一想，失主丢了钱，该多着急呢！我久久不能决定该怎么处理这张钱。

最终，我左顾右盼，见附近没人，便蹲下身假装系鞋带捡起了钱，准备放入裤兜，这才发现上面赫然印着"中国儿童银行。"

> 哈哈哈！太搞笑啦！这钱，简直在戏弄人啊！

> 我能感觉到小作者的心理经历了怎样的"山路十八弯",看到地上有钱可以买吃的——心花怒放;想到失主丢钱——迟疑不决;捡起钱看清是假币——气得直跺脚。哈哈,小作者可着实被耍了一把!

平时严肃的小布头这次也忍俊不禁。

> 当遇到这类型题时,我们一定要先按照事情的发展划分情节,再根据关键词句来分析人物心理。

- 可以直接借助原文中表示心理的词语来分析。
- 可以根据人物的描写揣摩人物心理。
- 可以借助环境描写猜测人物心理。

> 这样,就能把人物心理的变化梳理出来啦!

要点提炼

解释人物情感，透过言谈举止读懂内心

- 通读全文 → 整体感知文章的主要内容
- 锁定场合 → 人物所在的场合不同，心理也会有所不同
- 关注言行 → 人物的心理会通过表情、动作、语气表现出来
- 联系自身 → 联系自己的生活经验，学会共情，才能真正走进人物的内心世界

解释人物行为，丰富的内心戏指挥身体

这天早上，爷爷刚起来，就看到乐嘻嘻和乐哈哈围在一起咬耳朵。他好奇地凑过去，想听听这两个小朋友在"密谋"什么。只见他们手里拿着一张纸，上面密密麻麻地抄着些句子：

- 为什么陶行知要奖励给王友四块糖？
- 老树为什么会伤心流泪？后来它为什么又笑了？
- "我"那么喜欢小麻雀，为什么又把麻雀放了？
- 作者为什么要用纸把野鸭和蛋包起，并把它们埋起来呢？
- "我"再也不会感到冷了，是因为什么？

……

看着爷爷读得认真，乐嘻嘻不好意思地说："小墨临走时为我们留下一本阅读理解书，说是让我们学完后多练习。昨天晚上，我摘抄了其中的一些问题。这些问题都是让读者解释原因，但似乎又不是这两天讲的内容。"

爷爷一边读这些句子一边点头："不错不错，你们在学习上很有悟性呢！"

突然被夸，乐嘻嘻和乐哈哈莫名其妙地看着爷爷。

爷爷在石凳子上坐下来,把小朋友们叫到他跟前:"在木街里,我解释最多的问题,是人们的行为。有人问邻居为什么要把他家的石榴树砍了,有人问他的妻子为什么一直唠唠叨叨,有人问小孩为什么不喜欢上学,有人问为什么别人老是看他不顺眼……"

阅读一篇文章时,我们也要对主人公的行为、举动做出解释,通俗讲就是"他为何如此",这是"形成解释"中很重要的版块。

事实上,一个人做一个决定或做一件事情,背后都是有原因的。比如说上次乐嘻嘻和小布头吵架……

乐嘻嘻一听,马上反驳说:"是他先抢我的话,我才和他吵架的!"

"对对,这件事我可以作证!"乐哈哈赶紧护着妹妹。

"小布头抢了乐嘻嘻的话,所以乐嘻嘻和他吵架。这个理由初听起来顺理成章,但是,一定要多挖掘一个人行为背后的深层原因。也就是说,原因分两种:一种是表层原因,一种是深层原因。小布头抢乐嘻嘻的话只是表层原因,那深层原因是什么呢?"

乐嘻嘻挠挠脑袋,眼神躲闪着说:"哪有什么深层原因呢?就是因为他抢我的话嘛……"

"乐嘻嘻,请你认真思考,再做回答:假如这次小布头并没有抢你的话,你和小布头以后还会有其他矛盾吗?"爷爷这次的问话非常郑重,不由得让乐嘻嘻心里一凛。

乐嘻嘻沉默良久,似乎下了决心,缓缓说道:"会的。我认识小布头以来,就看他不顺眼。至于原因嘛……他很优秀,我觉得我的光芒被他掩盖了。他就像我们班的王小波一样,时时刻刻要跑出来和我抢第一,我不得不铆着劲才能超过他。那次他抢我的话,不过是个导火索罢了。不是那次,也会是下一次,反正我就是想和他吵一架解解气……"

乐嘻嘻的声音越来越小,小朋友们默默地听着,心里却很佩服乐嘻嘻的坦诚。这件事的另一位主人公小布头,也频频地点头,似乎在反省自己。

决定人物行为深层原因的,是内心的情感。所以,在分析一个人的行为或一件事情的结果时,既要分析与他有关的事情,又要分析与他有关的情感。只有抵达情感深处,原因剖析才够深入。

"我们来看这篇《飞吧!小麻雀》。"爷爷一边说着,一边拿过乐嘻嘻手里的那本书。

"我"看到小麻雀被卡住后,急忙把麻雀救出来并照顾它。但看到小麻雀的妈妈在窗外叫时,"我"犹豫了下把麻雀放走了。作者做出放飞麻雀的决定,表面是由麻雀的妈妈在窗外叫喊引发的,但细细分析,其实是"我"内心的情感决定的。

如果"我"不喜欢小麻雀,对小麻雀的自由、生死不屑一顾,那么无论小麻雀的妈妈如何叫喊,"我"都不会做出放飞的行动。这样的放手,恰恰是爱的体现。

讲到这里,乐哈哈恍然大悟:以前思考问题,都是在事情上打转,只看到表层原因,从未意识到行为背后的情感。

如果说上一次揣摩人物的心理变化是因为事情在发展,那么这次行为变化则是由心理引起的,二者正好打了个颠倒。不过,人们常说"意识决定思想,思想决定行为,行为决定结果",反过来,之所以产生最后的结果,也要追溯最初的意识!

乐哈哈正想着这些,猛听到爷爷说:"既然一道题中问原因是什么,那结果肯定已出现在文章中了。就像这个问题,'我那么喜欢小

麻雀，为什么又把麻雀放了'，'把麻雀放了'就是事情的结果。有句话叫'有原因未必有结果'，但有结果也必定有原因。对于文章中必定存在的原因，我们只需要考虑一个字——找！"

在哪找？怎么找？

解释事情的原因，有个方法叫"顺瓜摸根"。

第一步：结的"瓜"就像事情的结果，我们先要在文章中找出"瓜"的位置。

第二步：在"瓜"的前后段落寻找引发结果的事情，也就是"藤"。

第三步：分析事情背后的情感，这就是"根"。

由"瓜"摸"藤"，
再顺"藤"找"根"，
结果关联表层事情，
事情关联深层情感。

顺瓜摸藤,顺藤找根。这个说法有意思。

"现在我们来读读这篇文章,说说作者为什么要用纸把野鸭和蛋包起来,并把它们埋起来呢?"爷爷翻看着乐嘻嘻手中的书,选出一篇文章对大家说。

野鸭

一天,我在小山上漫步,忽然看见一束枯草旁躺着一只野鸭。

起初,我以为这只野鸭是怕被人发觉,藏在那儿的,我就用手杖拨了她一下,想叫她站起来,可是她却一动不动。

我觉得很奇怪,便俯下身细看。这时我才发现她已经死了。她身体的一侧微微向上翘起,脖子向前伸出去,张着嘴,里面塞满了雪。她的翅膀稍稍张开来,一条腿略微伸向后面。在她的腿跟前有两只蛋。果然,野鸭身子底下有一个巢,里面盛着十一只蛋,连同外面的两只,一共十三只。

我将她仔细地审视了一番,没有发现一处伤痕或遭受暴力的迹象。从她身上的各种情形看,她是被冻死的。虽然我看到的只是些表面现象,但我还是毫不迟疑地做出了结论:她是为了保护自己的孩子,同那场暴风雪进行了一番殊死的斗争以后死去的。

我望着这只野鸭,思绪久久不能平静。我想,这是一种

多么深沉，多么感人肺腑的爱啊。

可怕的风雪席卷了这个孤寂而荒凉的小山，凛冽刺骨的寒风令人窒息。而这只可怜的野鸭却不顾这一切，竟然敢向她的敌人挑战，执意保卫着自己的家和孩子，直到筋疲力尽，再也无力这样做的时候，毅然献出了自己的生命。

太阳已经落下去了，苍茫的暮色渐渐隐没了远处的山峦。我用一张大纸把它们包起来，在地上挖了一个小小的坟，将它们母子放进去，用泥土把她们埋起来。我把她们留给大地母亲，便继续向前走我的路了。

事情的"瓜"出现在最后一段，那我要在"瓜"的前面寻找引发结果的事情——野鸭为了保护孩子，同那场暴风雪进行了一番殊死斗争后死去了。这是第三段中作者根据现场的情况做出的推论。

除这个原因外，还要分析事情背后的情感，也就是挖到"根"——作者看到野鸭献出生命后，心中充满对它的同情、敬佩、感动。

截至现在,我们已经学习了关键词语、重点句子、文章标题、人物情感、人物行为的解释。

但需要注意的是:问"为什么"的问题并不一定都是"形成解释"题。

比如:

- 某个词能不能去掉,为什么?
- 能不能换成另外一个词,为什么?

这是"评价鉴赏"题型。

- 这个段落能不能去掉,为什么?

这是分析文章段落的作用。

所以,你们一定要擦亮眼睛,仔细辨别,只有像孙悟空一样具备识别问题的"火眼金睛",回答时才能利用相对应的阅读秘籍,准确写出答案。

"爷爷，那五个布袋的内容是不是都讲完了？"乐哈哈突然意识到。

"五个布袋都被掏空了，意味着你们在木街的学习已经完成了。小朋友们，接下来迎接你们的就是木街的闯关。"爷爷收起他的笑容，显得郑重其事。

木街的闯关叫"入木三分"。在宫殿的正中央，有一块陈旧的木板，上面满是大大小小的脚印。学习有成的人踩过木板，木板上便会留下他的履痕，像是纪念他在木街的这段学习时光。木板会引导着他走向下一个地方——土街。

三个小朋友如履薄冰地把脚踏上去，刚开始，那木板纹丝不动。性急的小布头左摇右晃，似乎这样就能踩得深些，但他很快发现无济于事。当他们静下心来，慢慢把"形成解释官"五个布袋中的知识一点点回忆一遍时，奇迹发生了——他们的脚陷入了木板之中！

然后，他们相携着往前走，木街的宫殿渐渐成为遥远的风景。

要点提炼

- 解释人物行为,丰富的内心戏指挥身体
  - 要点提醒
    - 分析一个人的行为或一件事情的结果时,既要分析与他有关的事情,又要分析与他有关的情感
    - 决定人物行为深层的原因都是内心的情感
  - "顺瓜摸根"解释法
    - 找"瓜"——在文章中找出事情的结果
    - 摸"藤"——在结果的前后段落寻找引发结果的事情
    - 寻"根"——分析事情背后的情感

赴约
"评价鉴赏官"

叫好不能"叫好",
要体会文章写法的精妙

03

02

01

讨教
"获取信息官"

练就火眼金睛,
精准提取有效信息

拜会
"整体感知官"

站高点看文章,
全面厘清层次结构

04

寻访
"形成解释官"

解释形成原因，
读懂文章万千可能

05

拜师
"创意运用官"

联系生活实际，
轻松实现读写一体

理解文意，表达自己的感受和想法

进入土街,仿佛进入一个鸡犬相闻的世外桃源。一条宽敞的黄土道路蜿蜒而过,两旁是用土坯搭建的古老建筑,屋檐低垂,墙壁斑驳,沉稳而朴实。路边的杂树在微风中摇曳,洒下斑驳的光影,映衬出这条土街的静谧和古朴之美。

土街很短,不远处矗立着的那座土街宫殿尤其引人注目,宫殿由黄土砌成,坚固厚实。小朋友们很快来到宫殿面前,看到殿门上几个古朴有力的大字"创意运用宫殿"。

"哥哥,你去敲门吧!"乐嘻嘻推着乐哈哈。

乐哈哈走上前去,发现殿门前有一堆新隆起的土,便踩上去踮着脚,扣动门上的铜环。

"一大早的,谁来打扰我的美梦?"突然传来一个瓮声瓮气的声音。

三个小朋友上看下看左看右看,周围并没有人。奇怪,这声音是从哪里传来的?

"我们是来拜师学习的。你是谁?请现出身来!"别看小布头平时一脸清高,此时也吓得声音发抖。

"我嘛……嘿嘿……我就在你面前啊!"那声音再次传出。

还是没有啊!三个小朋友一头雾水。这时,站在土堆上的乐哈哈

隐约感觉脚下的土在动,那声音似乎就是从脚底下传来的。难道是脚下的这堆土里藏着一个人?这么想着,他赶紧跳下土堆,从地上捡起一根树枝,小心翼翼地朝那堆土扒拉。

"阿嚏——"那堆土像是被什么力量控制着,变了个形状,"讨厌!你杵到我的鼻子啦!"

声音的确是从那堆土里传出来的。三个小朋友慢慢地围上前去,好奇地看着那堆土奇怪地变换形状。这土像是被什么支撑着,竟然慢慢地站起来了,变成了一个有手有脚的巨人。他面容平和,眼神深邃而灵动,穿一身土黄色的朴素衣服。三个小朋友看呆了,半天嘴都闭不上。他们从未想到,"创意运用官"竟这般神奇。

"你们不要奇怪。我嘛,就喜欢变来变去⋯⋯"说着,这位巨人又变成一个矮得不到乐哈哈身高一半的小胖子,没等小朋友们口中的"哇"声落音,他又变成了一个只有半边脸的怪物。

乐嘻嘻的心半天平静不下来,好一会儿才颤颤巍巍地说:"我该称您为'创意运用官'吧?对,创意运用官⋯⋯您这个变化有点令我们⋯⋯目不暇接啊⋯⋯我看您这地盘,和别的四位执掌官比起来⋯⋯稍微有那么一点⋯⋯荒凉。"

对方听到乐嘻嘻这么说,鼻子瞬间长了一尺多长,肚子也像一个巨大的石磨,气鼓鼓地说:"作为'创意运用官',主打的就是一个多元变化,难道你们连这个都不懂吗?如果一成不变,算什么创意?算什么运用?哼!荒凉?你们想说的是人少吧!小墨没告诉你们吗?能进入我城堡的人不多,能从我城堡走出的人,更少!你们几个,来!跟我来!"

被对方突然袭来的怒气裹挟着,三个小朋友不由得跟着他走进宫殿朴实的大厅里,只见四周摆放着简陋而精致的手工艺品和土制工具。

"创意运用官"手持一根手杖,在地板上轻轻地划出奇妙的符号和图案。他收起刚才的怒气,一本正经地说道:

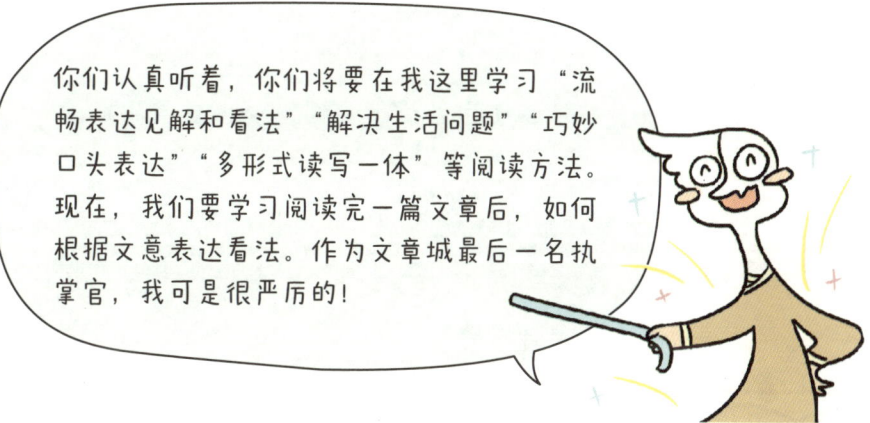

你们认真听着,你们将要在我这里学习"流畅表达见解和看法""解决生活问题""巧妙口头表达""多形式读写一体"等阅读方法。现在,我们要学习阅读完一篇文章后,如何根据文意表达看法。作为文章城最后一名执掌官,我可是很严厉的!

想到这是文章城的最后一个宫殿,小朋友们又有了干劲。是啊,闯过这一关,他们就会离成为光荣的战士更近一点。

"表达见解和看法"题型

表达见解和看法，是阅读题中经常出现的题型，一般放在阅读题的最后，分值最多，也最容易让人发蒙。它还有一个名字，叫开放题。

《义务教育语文课程标准（2022年版）》特别重视让学生表达自己的看法：

> 一二年级的学生要"积极参与讨论，敢于发表自己的意见""对周围事物有好奇心，能就感兴趣的内容提出问题，结合其他学科的学习和生活经验交流讨论，尝试提出自己的看法"。
>
> 三四年级要"清楚明白地讲述见闻，说出自己的感受和想法"。
>
> 五六年级要"敢于发表自己的意见，说清自己的观点""养成留心观察周围事物的习惯，有意识地丰富自己的见闻，珍视个人的独特感受"。

在生活中，那些能大胆流畅地表达自己想法的孩子，往往是同学中的"显眼包"，他们会迅速成为一群人中的意见领袖，从而为自己争得更多机会。

> 开放题非常考验学生的创意思维、探究拓展能力、质疑批判精神、自身独特体验、实际运用和解决问题的能力。这几年考试中出现的题型比较宽泛、新颖、开放,同时还结合了材料比较、情景设置等形式,对学生提出了更高的要求。

"叔叔,您对我们的学业很了解嘛!不论是课标,还是试题都被您分析得头头是道。的确,小学生真是太难了。就说我吧,每次语文都是一点点分数,就像您刚刚所说的这些题,几乎是全军覆没。唉……这不,就被小墨带到阅读国了!"

"你需要称呼我为'运用先生'。""创意运用官"严肃地说,"不过,遇到我你就放心吧!相信我的手杖可以让你的阅读水平起死回生。"

这么神奇?乐哈哈瞬间觉得这个奇奇怪怪的"先生",浑身都散发着耀眼的光芒。

"表达见解看法"常会以下面一些题型出现,如:

1. 文章中的××对你有什么样的启发?
2. 结合文章,联系自己的实际生活,谈谈你的感悟。
3. 你同意文中的看法吗?请谈谈你的建议和看法。

这类型问题看似有个迷惑人的名字——开放题，但开放是有限度的：谈可以，但不能乱谈。

谈观点时，一定要结合原文的含义、作者的情感、文章的主题。同时，观点要明确，语言要流畅，表达要清晰。

如果问题中要求结合实际或列举相关的事例，一定要联系自己或其他人的事例，从事例中习得感悟。

"看来，我们还是有必要把文章的主题再次复习一遍。"乐哈哈一边说，一边翻着笔记本里"文章主题"的那一页，因为看的次数太多了，边角都有些卷了。

在一篇文章中，主题就是：
作者想要表达的思想感情
想要告诉人们的道理启示
想要塑造的人物形象
作者的理想追求

谈看法时，首先要明确文章的主题，看作者要表达什么观点，或者想告诉读者什么启示；其次要看文章写了什么内容，结合内容发表观点。

小学阶段，经常阅读的是写人、记事、写景、写物的记叙文。文章的写作对象不同，谈看法的角度也不相同。

嘻嘻哈哈学语文：勇闯文章城

作者为什么要写一个人?意图无非两种:

- 第一种,人物很正面,鼓励大家向他学习。
- 第二种,正好相反,批判讽刺某个人物。

一般情况下,第一种情况居多。

比如《为中华之崛起而读书》这篇课文,赞扬了周恩来年少有志,从小胸怀博大,有一颗爱国之心。那读者的感悟也应该围绕这方面展开,强调志向对人生的重要意义。

如果联系实际,可以说说自己的志向是什么,以后要如何去做;也可以谈谈身边的某一个人有什么志向,后来是如何努力实现理想的。

"那就是先说明自己的观点,再举一两个事例。采用'观点+事例'的方式,表达清楚意思即可吗?"小布头总结道。

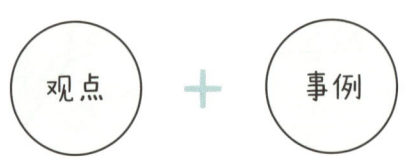

运用先生点点头说:"对,写事文章也要如此。比如有的同学在写学会骑自行车、学会做饭时,最后一段总要来一句'做任何事情都要坚持,不能三心二意',这就是要告诉读者的道理,是文章的主题。在谈感受时,自然要围绕这个道理展开,千万不要自说自话。"

当然，写物文章也会涉及对物体形象的塑造，这时候可借用写人文章谈感悟的方法。

总之，不要空谈感受，务必要和文章相关联，用文中作者的观点作为依据，再联系自己的生活、感受、体验来对这些依据进行佐证、分析，实现逻辑自洽即可。

几个小朋友感觉茅塞顿开。

要点提炼

利用文章，解决生活中的一般问题

"运用先生,有一件事情必须向您禀报:我们现在的阅读理解题,主打'君子动口还动手'。它不仅让我们谈感悟、说想法,还让我们说做法。举个例子,您看这些题……"

乐哈哈和乐嘻嘻翻开手中的书。

- 【材料三】中的调查结果,让你联想到了自己日常生活中的哪些行为,你以后打算怎样做?请把你想到的写下来。
- 找到弟弟后,爸爸应该如何带着弟弟逃出火场?这个过程中要注意什么?
- 阳光小学正在倡导同学们开展"进行垃圾分类,营造清洁校园"的活动,请你帮忙设计一条宣传语,号召更多的同学参与到活动中来。
- 请你就"红色研学"活动,根据材料或查找到的其他资料,设计一份活动方案。
  (1)主题:
  (2)活动地点:
  (3)活动内容:
  ……

运用先生一边听一边点头,似乎这些问题都在他预料之中。等乐嘻嘻说完,他才缓缓地回答。

从本质上来说，阅读的目的不仅是获取信息或享受故事，而是获取各种知识、观点和技能，然后将其运用到工作、学习和生活中，解决遇到的问题。因此，这些问题的出现是理所当然的。

我们在生活中遇到的所有问题，都能在书中找到答案吗？

用"百分之百"这个词有些绝对，但很多问题老祖宗其实在书中已经给出了答案，只是需要我们花时间去读。即便书本没有直接给出答案，也会提供新的观点和灵感，帮助我们找到解决问题的途径。

运用先生又讲到《义务教育语文课程标准（2022版）》，其中第一次整体集中出现了"思辨性阅读与表达"任务群与"实用性阅读与交流"任务群。

思辨性阅读与表达	实用性阅读与交流
指向真实情境中的问题解决，最终形成的可能是观点、策略、作品或其他成果。	任务群是对语文学习与工作生活关联的自觉回应，通过倾听、阅读、观察，获取并整合有价值的信息，满足家庭生活、学校生活、社会生活沟通交流的需要。

"我一直以为这些奇奇怪怪的问题，是老师用来刁难我们的。原来，它们的提出都有依据啊！"乐嘻嘻感叹。

而乐哈哈则对运用先生佩服得五体投地，热烈地赞扬道："这里不愧是土街啊，您除了变化多端，还非常接地气！这些都被您讲得一清二楚。"

运用先生谦虚一笑，继续说："我们可以把这类问题称为'实践应用类问题'。"

"实践应用类问题"一般会这样提问：

1. 如果想要……，在实际生活中你会怎么做？请结合文章内容说一说。

2. 请写出你做事的计划。

3. 这件事对你有什么指导意义？

这类问题带有比较明显的实践色彩。在解决这类问题时：

第一步：要亮出你的行动计划或行动方案，达到先声夺人的效果。

第二步：要写出这样做的原因，让读者认为你的行动有理有据。

第三步：要再次回到原文中，找到作者的观点，作为你行动方案的依据。

第四步：要写出依据与行动之间的联系。

"先生，您还是举个例子吧！这样说，我并不明白啊！"乐哈哈一脸苦闷。

运用先生拿过乐嘻嘻手中的书，细细翻过，指着其中一篇文章说："小朋友们，你们先读一读这篇文章，然后集中解决下面的问题吧。"

守护"舌尖上的文明"

- **【材料一】**

　　我们必须时刻紧绷粮食安全这根弦，把节约粮食作为新时代公民道德建设的重要内容，在全社会营造浪费可耻、节约光荣的浓厚氛围。

- **【材料二】**

　　一粒米，千滴汗，粒粒粮食汗珠换。从种下一粒麦，到吃到嘴里

的馒头，这个过程凝聚着农民辛勤的汗水。有数据显示，一粒米从春耕到收粮入仓要经过40多道工序、5个月的生长周期。一粒米、一个馒头都是劳动者用劳动和汗水换来的，我们应该珍惜。

- 【材料三】

某学校学生"光盘行动"调查结果

是否了解	"光盘行动"	饭菜是否会吃完		浪费粮食的原因	
了解	43.18%	能全吃完	67.09%	饭菜不好吃	48.94%
听说过	52.27%	能吃一半	31.91%	点餐过多吃不完	36.17%
不了解	4.55%	少吃或完全不吃	1.00%	其他原因	14.89%

- 【材料四】

　　全国多个省份的商务厅、省级餐饮与饭店行业协会或消费者协会明确表示要杜绝餐饮浪费行为，培养节约习惯。其中提倡节约，提倡小份菜、半份菜和提供打包服务是强调的重点。

　　社会各界也积极响应。某菜馆老板说："客人在多点菜的时候我们会提醒，吃不完的东西我们会主动提供打包服务，我们还建立了激励机制，比如光盘可以换水果。"某大学食堂王主厨说："我们通过菜品创新，改进烹饪工艺，推行一料多菜、一菜多味，减少浪费。"

　　各地区教育部门也要求：各学校结合本地本校实际，制定有针对性、可操作的工作举措，不走形式主义，真正形成制止校园浪费的有效机制，让勤俭节约成为师生内化于心、外化于行的生活习惯和人生态度。

　　【材料三】中的调查结果，让你联想到了自己日常生活中的哪些行为？你以后打算怎样做？请把你想到的写下来。

"这四则材料都是围绕'节约粮食'展开的，不过每则材料侧重点都不一样。"乐嘻嘻说。

第一则材料是从国家政策方面，告诉人们节约粮食是新时代公民道德建设的重要内容。

第二则材料采用举例子、列数字的方法，告诉读者粮食来之不易。

从第三则材料表格中的数据可以看出，学校的浪费情况还很严重。

第四则材料是社会各界一起响应节约粮食的号召。

乐嘻嘻的信息提取与总结能力提升不少，很快就概括出了材料的主要内容。

乐哈哈接着分析。

问题有两问：一是联系生活实际，二是写出做法，而且联系生活实际，要围绕【材料三】的调查结果展开。

刚才乐嘻嘻说了，【材料三】主要是写了学校的浪费情况很严重，因此联想日常生活中的行为也要围绕浪费情况展开。

05 拜师"创意运用官" 267

那日常生活中的浪费情况有哪些呢？吃自助餐恨不得把喜欢吃的全拿来，最后却剩下很多；点菜时点了好多，剩下也不打包；外卖浪费也十分严重，我看到很多人把配的米饭都倒掉了……

小朋友们频频点头，看来这的确是生活中常见的现象。小布头给出了解决方案。

针对以上浪费情况，做法也各不相同。比如吃自助餐时，要根据自己的饭量盛取，少量多次。这样既可以吃到多种美食，也尽可能地避免了浪费。

下馆子时根据人数适当点餐，一般菜的数量比人数多两个即可，当然，如果有剩余一定要打包。

这里分享一个节约小方法：吃饭快要结束时，如果发现剩的菜还很多，就集中把某一个不好打包的菜品吃完，其他菜打包回家。

尽量要做到少点外卖，这样既能避免浪费，又能够减少使用一次性餐具。

如果必须要点外卖但又吃不完，可以提前把食物分给饭量较大的人，做到资源合理利用。

小布头果然点子多,一口气说了一大堆。

"可以再加一点:这些做法都是针对浪费情况切实可行的方案,符合材料中节约粮食的号召。"乐嘻嘻又加了一条,"这也是回答问题的第四个步骤:写出依据与行动之间的联系。"

这样一总结,解答就像一个圆一样圆满了。不过你们发现了吗?做好此类题,也与平常对生活的观察紧密相关。所以,一定要做一个生活的有心人哦!

看来,会生活才会学语文啊!果然应了我们老师的那句话:生活中时时不语文,生活中处处不语文。

乐哈哈摇头晃脑模仿老师的样子,引得大家哈哈大笑。

要点提炼

利用文章，解决生活中的一般问题
- "实践应用类问题"题型
  - 如果想要……，在实际生活中你会怎么做？请结合文章内容说一说。
  - 请写出你做事的计划。
  - 这件事对你有什么指导意义？
- 解答步骤
  - 第一步：亮出行动计划或行动方案，达到先声夺人的效果
  - 第二步：写出这样做的原因，让读者认为你的行动有理有据
  - 第三步：再次回到原文中，找到作者的观点，作为行动方案的依据
  - 第四步：写出依据与行动之间的联系

巧妙说话，
阅读中的劝说反驳辩论

"刚刚乐哈哈的一句话提醒我了：君子动口还动手。'动口'是阅读理解中出现得越来越多的一种考查方式。事实上，这类型题你们并不陌生。比如这些——"运用先生用那根神奇的手杖画出一些文字：

1. 读完上述材料，关于××，请你给××一些建议。
2. 针对生活中的某种现象，请你结合材料对××进行劝说。
3. 有人说××，你会怎么反驳这个观点，请写一写。

对对！这些问题我们经常见到。最常见的还有一种：你有什么话想对××说。我是真没什么话好说啊！说什么，劝什么，反驳什么……这个时候，又不能畅所欲言。唉！现在开口说话都好难啊！

语文是一门理论与实践兼顾的学科，有着极强的实践性和综合性。课标中讲：课程评价应准确反映学生的语文学习水平和学习状况，注重考查学生的语言文字运用能力、思维过程、审美情趣和价值立场，关注学生的学习过程和学习进步。

然而，小学生更多是学习语文的理论知识，缺乏对语言应用能力的培养。所以，他们会觉得语文学习与生活是两张皮，学习是学习，生活是生活，没有关联。

所以,我们更应该把语言应用根植于阅读中,将阅读与实际生活融合在一起,从而更好地提升语文综合素养。

乐哈哈虽然对这些话听得懵懵懂懂,但还是很佩服运用先生对课程、对课本的了解,这让他不由得多出一份信赖感,想更深入地向这位先生学习。

阅读中的语言运用考查类题有三种:

| 第一种: 提建议 | 第二种: 巧妙劝说 | 第三种: 合理反驳 |

第一种:提建议。

在提建议之前,一定要仔细阅读提供的材料,然后根据材料对生活中的某些现象中存在的问题或不足,提出切实可行的建议或改进措施。

提建议时要注意以下四点：

- 第一，提建议要注意言辞委婉，让人易于接受。
- 第二，提出的建议要有针对性，不能漫无目的，乱说一气。
- 第三，建议要合理，具有可操作性。
- 第四，建议要注意对象，对不同的人提出的建议也是不一样的。

运用先生的神奇手杖变化出一些阅读材料：

- 【材料一】

　　读什么书，取决于为什么读。人之所以读书，无非有三种目的。一是为了实际的用途，例如因为职业的需要而读专业书籍，因为日常生活的需要而读实用知识。二是为了消遣，用读书来消磨时光，可供选择的有各种无用而有趣的读物。三是为了获得精神上的启迪和享受，如果是出于这个目的，我觉得读人文经典是最佳选择。

（选自周国平《经典和我们》）

- 【材料二】

2020—2021年我国成年国民阅读情况

年份	图书阅读率	报纸阅读率	期刊阅读率	数字化阅读方式（网络在线阅读、手机阅读等）接触率
2020年	59.50%	25.50%	18.70%	79.40%
2021年	59.70%	24.60%	18.40%	79.60%

（摘自人民网）

•【材料三】

　　加拿大的两位科学家将观看电视的人的大脑神经与测试仪器连在一起，得出结论：电视主要是在和我们的身体而不是心智对话。具体来说，人类的心智至少需要半秒钟才能为复杂的刺激提供适当的感觉闭合，而电视拒绝给我们这半秒钟。媒体研究专家克卢格曼早在20世纪70年代就认为，书籍是与我们的左脑交流，而电视是与我们的右脑交流，其中左脑通常是负责理智的部分，电视使我们头脑中理智的部分休眠。因此，对于习惯了电视画面的孩子来说，阅读印刷媒体是痛苦的，几乎令人无法忍受，它无法适应我们目光跳动的习惯。

（选自《小作家选刊》，有改动）

读完上述材料，关于阅读，请你给下列对象一些建议。
给父母的建议：
给老师的建议：
给政府的建议：

> 这三则材料都围绕"读书"展开，不过每则材料的主要内容都不相同。

　　第一则材料讲了人们读书的三种目的。
　　第二则材料是用表格呈现出我国成年国民的阅读情况，从数据中可以看出，数字化阅读是现在成年人的主要阅读方式。
　　第三则材料则是讲电视对大脑的影响。

05　拜师"创意运用官"

有一句话令我非常震撼：电视使我们头脑中理智的部分休眠。天啊，看电视会把人看蠢的！

提建议时，一定要围绕主题。提建议的对象不同，建议内容也不一样。

给父母提建议，是要做好家庭表率，为孩子树立榜样；多引导，多督促孩子加强家庭中的阅读。

对老师提建议，可以从阅读策略方面展开。在阅读方面，老师毕竟是专业人士，能够给孩子们提供阅读书单与阅读策略，且带领孩子进行共读，这些都是父母没有办法做到的。

而对政府提建议，就应该从政策方面来说，比如给城市配备足够量的图书馆与图书，多组织阅读方面的宣传与活动，促进全民阅读。

运用先生分析得头头是道。

第二种:巧妙劝说。

生活中,我们总会听到这样的一句话:这个人的情商真高呀!真会说话呀!

会劝的人,能用三寸不烂之舌,轻松地化干戈为玉帛。不会劝说的人,越劝对方火气越大,都能打起来。所以,掌握语言的核心密码非常重要。

行之有效的劝说有三个步骤。

1 第一步:拉近距离。

只有对方放下防备,对劝说者有好感时,才能接受你说的话,所以不要一上来就分析道理。如果对方对你很反感,说再多都没用。

2 第二步：切身地站在对方的角度思考问题、分析问题。

分析问题时，可以从正反两方面出发。如果从正面去做，将会获得什么好处；如果从反面去做，将会承担哪些后果。正反一比较，对方也会认真考虑。

3 第三步：说话时要注意言辞的委婉。

尽管劝说者是真心为对方好，但如果态度强硬，语言犀利，对方也会反感。

运用先生又为小朋友们提供了一则阅读材料：

遗忘的规律

记忆力再好的人也避免不了遗忘。遗忘是从什么时候开始的？怎样才能减少遗忘？要想知道这些问题的答案，就得了解遗忘的规律。

人的遗忘过程是不均衡的，如表所示：

在学习完某项内容后，要在遗忘来临前开始复习。这样只需要花费很少的时间就能够很好地巩固所学内容。如果间隔时间长了再去复习，就约等于重新学习一次，此时所花费的时间就比较多，学习的效率也就比较低。

时间间隔	记忆量
刚刚记忆完毕	100%
20分钟后	58.2%
1小时后	44.2%
8至9小时后	35.8%
1天后	33.7%
2天后	27.8%
6天后	25.4%

复习的次数也并不是越多越好。心理学家认为，如果一个人学习了10分钟，刚好能把所学的材料背诵下来，他要再继续学习5分钟，这时的记忆效果最好，如果再增加学习时间，就会引起疲劳、厌倦。

明明的记忆力很好，他花了10分钟就把老师要求背诵的古诗背熟了。于是，他计划再用半小时来背诵老师还没有讲到的古诗，结合材料对明明进行劝说。

"材料中讲：如果一个人学习10分钟，再继续学习5分钟，这时的记忆效果最好。如果再增加学习时间，就会引起疲劳、厌倦。明明已经学习了10分钟，如果再继续学习半小时，学习效果可能就会变差。但是我不能一开口就这样说，毕竟明明是一个很好学的孩子。所以我得先夸夸他，再根据材料劝说他，这样效果可能会更好一些。"乐哈哈胸有成竹地说。

第三种：合理反驳。

有句话是这样的：干啥啥不行，抬杠第一名。有理有据的"抬杠"就是反驳。

反驳时，要先否定、驳斥对方的某个观点。抓住对方语言中的薄弱环节，如论点不准确的地方，论据中的虚假之处，论证中不够严密的语言等，逐个击破，使对方心服口服。
然后阐明自己的观点或立场，说明自己的理由。

"人从一岁起开始学说话，但学会说话，却需要一生。"运用先生用一句颇有哲理的话进行总结。

要点提炼

巧妙说话，阅读中的劝说反驳辩论
- 提建议
  - 仔细阅读提供的材料，然后根据材料对生活中的某些现象中存在的问题或不足，提出切实可行的建议或改进措施
  - 提建议要注意言辞委婉，让人易于接受
  - 提出的建议要有针对性
  - 建议要合理，具有可操作性
  - 建议要注意对象
- 巧妙劝说
  - 拉近距离
  - 切身地站在对方的角度思考、分析问题
  - 说话时要注意言辞的委婉
  - 坚持"三有"：有情、有理、有礼
- 合理反驳
  - 先否定、驳斥对方的某个观点
    - 论点不准确的地方
    - 论据中的虚假之处
    - 论证中不够严密的语言
  - 阐明自己的观点或立场
  - 说明自己的理由

仿写扩写，教你几个读写一体妙招

"你们有没有发现,阅读题就像一锅大杂烩,融合了'读思听说写'。也就是说,以前试卷中只有大作文,现在阅读题里已经出现了小作文,体现语文的读写一体化。"运用先生坐得久了,身体有些发酸。

"您可说对了。以前是写一篇大作文,现在是写若干篇小作文+一篇大作文。考试时,我在不停地写写写,连呼吸都不敢加深,生怕做不完卷子。"乐哈哈愁眉苦脸。

乐嘻嘻也接着诉苦:"而且,阅读题最后的写作内容分值还蛮高,我辛辛苦苦写半天也写不到点上,分数被扣得所剩无几,真是愁死我了!先生,您可得把您压箱底的宝贝拿出来教我们哦!"

阅读中的第一种写作形式:仿写。

仿写

所谓仿写,就是根据试题中设置的语言环境或提供的例句,在通读全文、读懂语义、品味语言的基础上,仿写一个或几个内容相关联、句式一致的句子。它主要考查学生的语言积累及运用能力。

仿写有五个步骤。

第一步：分析例句的修辞手法。一般情况下，要求仿写的例句往往运用了某些修辞手法，如比喻、拟人、排比、对偶等。仿写时，句子也要运用相关修辞。

第二步：分析例句的结构形式。如这个句子是由哪几种成分组成的，有没有修饰词，修饰词有几个，字数是多少。

第三步：理解例句的内涵。例句中的写作对象是什么，写了它的哪些方面。

第四步：仔细构思，按照例句进行仿写。

第五步：对仿写句子进行全面检查。主要看仿写的句子与例句在内容上有没有关联，句式是否统一，修辞是不是一样，字数相差多不多。

做到以上几点，句子仿写就完成了。

"除了句子的仿写，还有段落的仿写。如这道题——"运用先生翻开书中的一页，指给大家看：

作者笔下家乡的粽子让人垂涎欲滴,请模仿第8自然段,从色、香、味、形等方面写一种你喜欢的食物。

仿写段落已成为现在考查的主流。

句子还搞不定,何况段落呢?

其实这类型仿写并不难,按照要求,放平心态即可。如上面这道题,着重强调写食物的色、香、味、形,仿写时一定要紧扣这一点,然后调动日常生活积累就能够写出来。所以说"功夫在诗外",平时的积累非常重要。

阅读中的第二种写作形式:补写。

补写的形式比较多样,包括:

- 人物补写
- 景物补写
- 结尾补写
- 重点句子补写

05 拜师"创意运用官" 285

1. **人物补写。**

主要是对人物的外貌、语言、动作、心理等方面展开想象，进行描写。比如这道题：

> 全国象棋大赛结束后，小伙儿再次到街心花园看棋……面对以下可能出现的情况，小伙儿会有怎样的表现呢？任选一种情况，可以从语言、动作、心理等方面展开想象，用几句话写下来。
> 情况1：看到大老李正在下棋。
> 情况2：再次遇到看棋的卷发青年。

"您就以这道题为例给我们讲讲，人物补写应该注意什么吧。"小布头咬着笔头说。

"那咱们先来读读这篇文章吧！"运用先生翻开书。

几个小朋友迅速读完这篇叫《棋手》的文章，乐哈哈还自告奋勇地把文章复述了一遍：

> 街心花园里经常有象棋爱好者们在下棋。一天，一位小伙子来观棋。他一来就在各个棋摊前穿梭，一边看一边大声指指点点，还说自己是常胜将军。一个卷发青年让小伙子看棋别说话，小伙子

看不起卷发青年，硬是拉着他要下一盘。

　　没想到几个回合后，小伙子的兵将齐全却难以动弹，每一子都被对方吃得死死的，小伙子这才知道自己遇上了高手。半年后，小伙子在观看象棋大赛时，发现冠军争夺赛中坐在棋盘另一头的，就是那个劝他"看棋别说话"的卷发青年。

做好这类新题，首先要认真阅读题目要求。题中假设了一种场景：全国象棋大赛结束后，小伙再次遇到卷发青年。此时，他已经知道卷发青年是下棋高手，却如此谦逊。这时，他有怎样的心理？

自愧不如。

为自己以往的行为感到不好意思，羞愧。

以后要低调做人，多向周围的人学习。

改掉自己观棋时指指点点的毛病。

小朋友们争先恐后地回答。

对,对小伙子的心理进行把握后,才能更准确地想象其语言和动作,因为言行是心理的体现。假如你是小伙子,这时你会怎么做、怎么说?

尽管有点难为情,但我还是会上前握住卷发青年的手,把他拉到一边继续和他下棋。当然不是炫耀自己的棋艺,而是真诚地向他学习。然后再向他道歉:上次的事情实在不好意思,是我太自以为是了。观棋不语真君子,我以后要向你学习,改掉自己的坏习惯。

非常棒!乐哈哈有足够的共情能力。

不妨把自己送到文章中当回"主人公",看看自己会如何说、如何做,再把人物的语言、动作、心理等写下来。

2.景物补写。

先看这道题:

联系上下文，根据语境，展开合理地想象，补全文中第九自然段的内容。文中第九段是这样的：那一刻，我的脑海里闪现出这样的画面……

乐嘻嘻想起阅读国爷爷曾教过的方法："想象画面，就要用到感官图像记忆法。"

这篇题为《爱在身后二十米》的文章主要是讲"我"上初中时，家离学校有十几里山路，全靠一双脚板走。每天早晨上学，天还黑乎乎的。"我"和小栓心里害怕，却假装勇敢，坚持不让父亲送，就这样战战兢兢地走了三年。后来，"我"发现父亲的腿上有一道伤疤。母亲告诉"我"，那道伤疤是父亲有天早上送"我"去学校时，腿被猎人的套弓夹住留下的。这时"我"才明白：初中三年，父亲一直跟在"我"身后二十米，默默地送"我"上学。

"想象场景时，你就是大导演。文章设定的时间是凌晨，周围黑漆漆的，天幕上挂着几颗星星，不时还有动物的嚎叫……"运用先生补充。

乐哈哈这回可积极了，说："我说我说！"

05 拜师"创意运用官"

有一条小路，前面是两个人——主人公和小栓，他们打着手电筒快步地向前走。身后二十米处是一个男人，没打手电，就在黑暗中深一脚浅一脚地走。他走得很小心，前面两个孩子走得快，他也走得快；前面两个孩子走得慢，他也走得慢，就这样不远不近地保持着距离。直到看见两个孩子走到学校门口，他才长长地舒口气，转身继续往回走……

运用先生为乐哈哈竖起大拇指："很不错！"

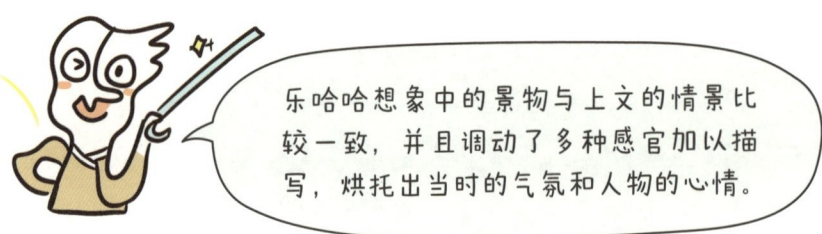

乐哈哈想象中的景物与上文的情景比较一致，并且调动了多种感官加以描写，烘托出当时的气氛和人物的心情。

3.结尾补写。

结尾补写的形式也比较多样，当补写故事的结局时，要结合故事的起因、经过，进行巧妙设置。如果能达到出人意料的效果，那就更好了。但也不要为追求新奇，前后逻辑不通。

当补写文章总结时，要做到语言简洁，揭示主旨。

4.重要句子补写。

重要句子的补写多是过渡句,这时要通读全文,关注上下文内容,做到承上启下。

阅读中的第三种写作形式:续写。

续写也是读写结合中常见的命题方式,即按照原文思路对文章进行延伸拓展。

续写时,要熟悉原文故事情节,准确理解文章的主题,把握主人公性格;加深对文本的理解,培养语言感觉。

如这道题:

以"乔伊醒来"为开头,展开想象,写一句话。

阅读中的第四种写作形式:改写,即改变故事的结局,重新构思。

如这道题:

> 如果老人的儿子并没有去世,那么小说的结局又会是怎样呢?发挥想象,为小说改写一个新的结局。

关于这些,你有没有那个……那个……秘诀之类的传给我们呀?

这类型题规律性并不强,还需要平时多阅读,加深对文本的理解,培养语言感觉。

"好吧,看来我还是得把阅读国、文章城的方法都用起来,这样才能更深入、更透彻地读书、读文章。就是不知道我现在所学的本领,能不能通过文章城的最后一关。"乐哈哈心里没底。

"不试试怎么能知道呢?"运用先生鼓励他,"现在,我们要去文章城的出口处。"

这是一座神秘的黄土迷宫,四周是层层叠叠的黄土山丘。三个小朋友进入迷宫,便要通过阅读和理解文章,获得迷宫每一站的提示信息。好在,他们三人互帮互助,找到了迷宫的出口。

"没有你,我们真的不能走出迷宫。"乐嘻嘻和乐哈哈真诚地对小布头说。

"没有你们,我也不能走出迷宫。"小布头第一次拉住乐嘻嘻和乐哈哈的手。

乐哈哈望着不远处的诗文巷,怂恿小布头:"和我们一起去诗词巷吧,听小墨说,那里很好玩。"

真的好玩吗?乐哈哈不知道。他只是希望聪明的小布头能一直和他们在一起,而且相处这么长时间,他感觉小布头其实是个外冷内热的伙伴。

小布头的目光停留了一下,便收回来了:"实不相瞒,下一站我要去手机国。我是阅读国的子民,我的任务是去手机国当卧底。和你们相处了这么长一段时间,真是缘分。原谅我不能与你们一起前行,但我想,我们终有一天会相遇。"

还没等乐哈哈与乐嘻嘻回过神来,他又紧了紧他那从来没有拉下来过的衣服帽子,头也不回地走了。

当我们的能量足够强大到与手机国交战时,说不定,还会遇到小布头。乐嘻嘻和乐哈哈这样想着,便向诗文巷走去。

要点提炼

仿写扩写,教你几个读写一体妙招

- **仿写**
  - 分析例句的修辞手法
  - 分析例句的结构形式
  - 理解例句的内涵
  - 仔细构思,按照例句进行仿写
  - 对仿写句子进行全面检查

- **补写**
  - 人物补写
    - 主要是对人物的外貌、语言、动作、心理等方面展开想象,进行描写
    - 认真阅读题目要求
    - 把自己送到文章中当回"主人公"
    - 再写人物的语言、动作、心理等
  - 景物补写
    - 与上文的情景保持一致
    - 调动多种感官加以描写
  - 结尾补写
    - 结合故事的起因、经过,进行巧妙设置
    - 语言简洁,揭示主旨
  - 重要句子补写
    - 多是过渡句
    - 关注上下文内容,做到承上启下

- **续写**
  - 熟悉原文故事情节,准确理解文章的主题,把握主人公性格
  - 加深对文本的理解,培养语言感觉

- **改写**
  - 改变故事的结局,重新构思